1280个销售瞬间

如何快速成交

万树 编

北方妇女儿童出版社
·长春·

图书在版编目（CIP）数据

1280 个销售瞬间 : 如何快速成交 / 万树编. 长春 : 北方妇女儿童出版社, 2025. 7. -- ISBN 978-7-5585-9539-4

Ⅰ. F713.3

中国国家版本馆 CIP 数据核字第 202592ZF12 号

1280 个销售瞬间 如何快速成交

1280 GE XIAOSHOU SHUNJIAN RUHE KUAISU CHENGJIAO

出 版 人　师晓晖
责任编辑　王宏娟
开　　本　710mm × 1000mm　1/16
印　　张　12
字　　数　178 千字
版　　次　2025 年 8 月第 1 版
印　　次　2025 年 8 月第 1 次印刷
印　　刷　三河市南阳印刷有限公司
出　　版　北方妇女儿童出版社
发　　行　北方妇女儿童出版社
地　　址　长春市福祉大路 5788 号
电　　话　总编办：0431-81629600

定　　价　49.80 元

前言

有人说销售是一场孤独的博弈——你永远猜不透电话那头的客户何时挂断，也读不懂“考虑一下”背后是婉拒还是转机，但每个总能把“不可能”变成“签单”的销冠都有一套瞬间成交的语言密码。

当客户说“我随便看看”，普通销售只能尴尬沉默，高手却能瞬间挖出客户需求；当客户吐槽“价格太贵”，新手慌忙降价，老手却能用三句话让客户主动下单。太多销售沉迷于产品参数，却没学会在关键时刻用对话术，导致成交机会白白溜走。

这本书不是枯燥的理论，而是1280个真实场景的“实战剧本”，它将带你从“被拒”到“破冰”，即破解客户心理防线，把“你是谁”变成“这正是我需要的”，让客户从第一秒就舍不得结束对话；从“卡壳”到“流畅”，即覆盖线上线下的销售场景，当客户说“赶时间”“竞品便宜”时，直接套用书中金句模板，句句戳中痛点；从“被动”

到“主动”，即掌握“反话提问法”“未来场景法”，把“要不要买”变成“您下周开会就能用”，让客户自愿走进成交逻辑。

书里没有生硬的话术，只有“催眠式成交公式”像心理医生般引导，像老友般给出建议。会销售不是天赋，而是可复制的技术。无论你是被挂电话的新人、卡瓶颈的老手，还是想让客户主动转介绍的精英，这本书都能让你用一句话撬开客户的嘴，用三个问题挖出客户的真实需求，用五个步骤让砍价者自愿加单。

话术如剑，精准则利，滥用则伤。愿你用它赢得信任，而非套路成交，毕竟真正的销冠既是客户的解决方案专家，也是值得信赖的长期伙伴。

目录

第一章 初次见面不尴尬，128句开场白帮你瞬间破冰

第二章 与客户建立信任的 129 个瞬间

第四章 成功推荐产品的 128 个瞬间

第五章 异议处理，安抚客户的 125 个瞬间

第六章 应对砍价高手的 127 个瞬间

第七章 促使成交的 130 个瞬间

第八章 售后处理的 128 个瞬间

第九章 拓展客户的 127 个瞬间

第十章 应对特殊场景与客户的 128 个瞬间

第一章

初次见面不尴尬，128 句开场白帮你瞬间破冰

如何在初次见面就俘获客户的心？128 个让客户主动想听的破冰话术 + 实战技巧能精准激活需求场景，瞬间建立信任，用数据化开场白解锁高效对话通道。

开场白魔法：吸引注意力的神奇瞬间

场景 1 业务代表向公司领导推荐自家产品

成交瞬间：抛出神秘疑问，勾起领导的好奇心。

话　　术：您猜是什么让一家濒临倒闭的公司仅用三个月就实现了业绩逆袭？

场景 2 餐厅店员站在门口揽客

成交瞬间：用新奇话术开场，点燃客户的探索热情。

话　　术：我们店有个能让大家主动排队的秘诀，您是不是很想一探究竟？

场景 3 理财顾问向客户推荐产品

成交瞬间：讲有趣故事，拉近与客户的距离。

话　　术：有个创业小白靠着一款不起眼儿的产品，一年就赚得盆满钵满，您想知道他是怎么做到的吗？

场景 4 广告公司顾问向客户介绍产品

成交瞬间：给出惊人数据，冲击客户的认知。

话　　术：调查表明，使用我们方案的企业，平均利润增长了 40%，您不想知道这背后的秘密吗？

场景 5 业务代表向客户争取合作机会

成交瞬间：精准解决客户的难题。

话　　术：您还在为客户流失严重而发愁？我们有办法帮您把流失率降低 80%！

场景 6 网店直播间主播招揽客户

成交瞬间：提供限时优惠，促使客户快速行动。

话　　术：今天下单能立享三折优惠，仅限今天前 20 位客户，您要赶快行动哟！

场景 7 软件销售向客户介绍产品

成交瞬间：利用名人效应，借助名人光环吸引客户。

话　　术：行业大佬 ×× 都对我们的产品赞不绝口，您难道不想尝试一下吗？

场景 8 家电大卖场，店员向客户推荐产品

成交瞬间：制造反差，在对比中凸显产品长处。

话　　术：其他同类产品可能使用不到一年就坏掉了，而我们的产品可以长久使用还保修，您更倾向于哪一种？

场景 9 办公用品推销员向客户推荐产品

成交瞬间：提出独特价值，强调产品的独特性。

话　　术：我们的产品具备业内独一无二的功能，能为您开辟全新的盈利渠道，您想了解详情吗？

获取客户电话号码的 9 个场景

场景 1 餐厅推广活动

成交瞬间： 凭借新品试吃与专属优惠，吸引顾客留下电话号码。

话　　术： 您好哇！我们餐厅的新品试吃活动来啦！留个电话号码就能享受五折尝鲜，机不可失！

场景 2 健身房活动推广

成交瞬间： 强调健身福利和个性化服务，促使客户主动留下电话号码。

话　　术： 帅哥（美女），您好！我们健身房最近免费为客户量身定制健身计划。有需要可以留个电话号码，我们给您安排。

场景 3 化妆品专柜促销

成交瞬间： 借助美妆赠品和会员权益吸引顾客留下联系方式。

话　　术： 欢迎光临！现在注册会员就能领取精品面膜，后续还有折上折福利。只要留个电话号码，我们这就把福利给您安排上！

场景 4 教培机构宣传

成交瞬间： 抓住家长对孩子学习的关切心理。

话　　术： 家长您好！这套提分资料是老师们熬夜整理的干货，留个电话号码，我们就把资料直接送给您，助力孩子成绩更进一步！

场景 5 汽车 4S 店

成交瞬间： 用购车优惠和试驾体验的机会吸引潜在客户留下电话号码。

话　　术： 先生（女士），留个电话号码您不亏！既能第一时间享受折扣，又能免费试驾新车，说不定下一个开走爱车的就是您！

场景 6 地产销售现场

成交瞬间： 借助看房礼品和购房优惠信息有效吸引客户留下电话号码。

话　　术： 您好！欢迎了解我们的楼盘。只要您留个电话号码，就能在看房当天得到精美礼品，还能享专属购房折扣，这福利可不是虚的！

场景 7 宠物医院宣传

成交瞬间： 用宠物健康福利吸引宠物主人留下电话号码。

话　　术： 毛孩子的健康也很重要！留个电话号码报名免费体检，让我们给宝贝的健康把个关！

场景 8 电商线上活动

成交瞬间： 通过线上抽奖和优惠券福利吸引客户留下电话号码。

话　　术： 亲，参与抽奖就有机会赢取平板电脑、大额优惠券！留个电话试试手气，万一中了呢？

场景 9 家政公司宣传

成交瞬间： 以免费上门和实用技巧吸引客户留下电话号码。

话　　术： 家里乱得像“战场”？留个电话，我们免费上门支招儿，分分钟让家变回“温馨小窝”！

针对客户反问“你是谁”的8个秒答技巧

<话术公式：自报家门+“针对性”寒暄>

✗ 销售菜鸟

您好！我是×××，我这里有一款产品，您需要吗？

✓ 金牌销冠

1. 我是能帮您变美的×××。我们新推出的粉底液能轻松打造最近爆火的伪素颜妆容哟！

2. 我是资深教练×××。最近学员们都在用一款在家就能练的多功能健身器材，现在买还有优惠！

3. 我是×××老师，专门带着新研发的“提分秘籍”来帮您家孩子排忧解难！

4. 我是财税×××，您可以把我当作“专属计算器”，有问题可以随时砸过来！

5. 我是保险员×××，您同事总夸您仗义，让我有事找您请教呢！

6. 我是帮您解放双手的×××。我这儿有一款扫地机器人，能自动规划路线，要不要试试？

7. 我是书店的×××，看您也是有品味的爱书之人，特意来打个招呼！

8. 我是帮您传达心意的×××，我家有节日限定款花束，搭配同城送达服务，让爱不再因忙碌而迟到！

实体店销售打招呼的 9 大技巧

<话术公式：热情开场 +“尖货”吸睛>

⊗ 销售菜鸟

您好！欢迎光临 ×× 门店。

✓ 金牌销冠

1. 欢迎光临！您想不想了解今年最火的休闲穿搭风格？肯定适合您！

2. 您好！新鲜草莓今日到货！又大又甜，买两斤还能打 8 折！

3. 欢迎您！这本悬疑小说最近特别火，好多读者一看就停不下来，您肯定感兴趣！

4. 美女您好！新款口红到店，颜色特显白，试色有惊喜！

5. 欢迎光临！这是情人节限定花束，“一束鲜花一片心”，送给爱人超合适！

6. 小朋友好哇！看这辆新出的遥控赛车，真的很酷哟！

7. 您好！这款智能香薰机超实用，能让家里随时香喷喷的，了解一下吧！

8. 欢迎光临！我们新推出的焦糖玛奇朵口感超棒，现在买一送一哦！

9. 您好！戴上新款降噪耳机就能隔绝外界噪声，现在购买还送定制保护套，要不要试试？

特殊天气，销冠都这样打招呼

<话术公式：挑明痛点＋提供便利>

⊗ 销售菜鸟

您好，这天气说变就变，来我店里待一会儿吧！

⊘ 金牌销冠

1. 雨天路滑，我们这新车底盘稳如泰山，能轻松通过各种烂路！现在购车还有大礼包，给您的出行加把安全锁！

2. 亲，雨天出门没有一把好伞可不行。我们的雨伞质量超棒！

3. 雨雪天大家都宅在家点外卖，这正是您生意爆单的好时候！入驻我们平台，保准订单量上涨！

4. 寒潮来了冻得慌，我们的羽绒服抗风又时髦，让您既有风度更有温度！

5. 手凉脚凉别发愁，试试我们这款暖手宝，充一次电热一整天，还能当便携小摆件，暖手又暖心！

6. 阴天闷闷的，没精神怎么办？一束鲜花能立马点亮生活！我们这花新鲜得能掐出水，免费配送上门，给您家添点儿亮色！

7. 雨后不洗车，车漆要遭殃哟！我们店洗车送免费护理哟！

8. 大暑天热得像蒸笼，我们这款空调能在 10 分钟内迅速降温，让您清凉一夏！

当客户进店情绪低落时，如何贴心接话

<话术公式：温柔安慰 + 好物解忧>

销售菜鸟

您好！有烦心事的话，我们的产品说不定能治愈您哟！

金牌销冠

1. 心情不美丽？试试我们这新款裙子，穿上它立马容光焕发，把坏心情统统甩到脑后！

2. 亲，累了就来杯拿铁，我们的咖啡豆是独家拼配，口感绵密得像云朵，喝完瞬间元气满满！

3. 向日葵代表阳光活力，买一束放在家里，心情也会明亮起来哟！

4. 您好哇！别难过，书中自有解忧方！这本小说能暖人心窝，读几页说不定您就想开了！

5. 甜食是治愈坏心情的良药！我们这款芝士蛋糕甜而不腻，咬一口能让您烦恼全消。亲，来一块尝尝？

6. 亲，我们店里的小猫咪特可爱，摸摸它超治愈的，要不要进来看看？

7. 您好！看您眉头紧锁，来做个按摩吧！手法专业力道足，帮您把压力揉得一干二净！

当客户携带竞品，如何开口打招呼

<话术公式：抬举同行＋对比“自夸”>

⊗ 销售菜鸟

您好，您这是要和我们的产品做对比吧！

✓ 金牌销冠

1. 您好！您这款手机挺有品位！不过我们这款新出的拍照神器，夜景拍摄比肉眼还清晰，要不要体验一下？

2. 您这双鞋潮得很！但我们这款鞋减震技术更棒，谁试谁知道！

3. 您好！看您常喝某品牌咖啡，我们有款独家烘焙的豆子，口感丝滑，喝一次就忘不掉！要不要下单尝尝？

4. 宝宝穿的衣服真可爱！但我们这款睡衣面料更柔软，价格还实惠，要不要给宝贝换身舒服的试试？

5. 您好！您开的是某品牌的车吧，它的性能相当出色！但我们这款车的智能驾驶辅助系统更胜一筹，当下购车还有置换补贴福利呢！

6. 我猜您也是个“文具控”！我们这儿有会讲故事的笔记本、会变色的笔，要不要进来瞧瞧有没有合眼缘的？

7. 您这身穿搭真有品位，不过我们家的新款会更显气质哟！想试试吗？

当客户说“我赶时间”，如何应对

＜话术公式：流畅接话＋献上“妙计”＞

销售菜鸟

那真是太遗憾了，欢迎下次再来呀！

金牌销冠

1. 赶时间？这款连衣裙百搭又显瘦，套上就能出门，试一下不耽误时间！

2. 您好，吃完赶路不着急，吃饱了才有力气忙啊！5 分钟出餐，既快又香。

3. 时间就是金钱！这款手机 15 分钟就能充一半电，是忙人必备神器，要不要了解一下？

4. 20 分钟快速剪发，发型利落又好看，更有八折优惠，分秒必争也能美美哒！

5. 赶时间？我们有极速购车通道，手续简单，您当天就能开新车回家！

6. 爆款零食套餐已备好，直接拎走不纠结，赶时间就选它，好吃不贵还省事！

7. 新出炉的蛋糕好看又好吃，装袋就能拿走，赶时间也能享受甜蜜！

8. 20 分钟极速洗车，里外锃亮，不耽误行程，心情也变得清爽！

当客户带小孩时，如何巧妙打招呼

<话术公式：夸赞“萌娃”+巧推“育儿神器”>

销售菜鸟

小朋友好！需要什么记得跟我说哟！

金牌销冠

1. 真是人见人爱的小天使！我们店有新到的连体衣，柔软得像云朵，宝宝穿上肯定舒服又漂亮，来挑两件吧！

2. 宝贝这双眼睛亮晶晶的，像会说话似的！我们店的摄影套餐送精修相册，把这份童真定格下来多有意义，试试呗？

3. 小朋友快看！这机器人会翻跟头、会唱儿歌，好玩儿着呢，来玩玩吧！

4. 宝贝这么机灵，正是开发潜能的好时候！我们早教中心有互动游戏课，好多家长都说孩子进步看得见，了解一下吧！

5. 您家宝贝虎头虎脑的，穿上这套运动装准保帅气冲天，来试试吧！

6. 小朋友看过来！我们的游乐场和动画片里一模一样，玩一次就不想走啦，来痛痛快快玩一场吧！

7. 欢迎小宝贝！这儿有卡通造型的儿童餐，还有超大海洋球池，吃饭玩耍两不误，快和爸爸妈妈一起享受吧！

在展会与客户打招呼的 8 个瞬间

< 话术公式：“直球式”宣传 +“文艺式”揽客 >

⊗ 销售菜鸟

您好，欢迎到我们展台了解一下！

✓ 金牌销冠

1. 您好！我不推销，只推荐，您若相信，咱们随时合作！

2. 这款沙发采用顶级头层牛皮做面料，像“会呼吸的皮肤”！来感受下“云端坐感”吧！

3. 新出的坚果能量棒，咬一口满嘴留香！展会价买二送一，错过可就亏大啦！

4. 大家好！我们公司秉承“万物皆可爱，保障一直在”的理念。我们在等风，也在等您！进来看看吧！

5. 先生（女士），您好！这款新车有“最强大脑”！自动泊车、车道保持全配齐，动力足还省油，妥妥的家用神器！

6. 因为品质，所以推荐；因为认同，所以分享。欢迎了解我们的产品！

7. 不管行业多“卷”，我们始终坚持纯手工制作，只为让选择我们的客户不后悔！欢迎了解！

8. 相信大家一定在网上刷到过我们家产品，还没用过的来试试吧！

被客户秒回的 20 个线上技巧

<话术公式：夸张表达 + 制造亲近感>

⊗ 销售菜鸟

您好！现在时间方便吗？我给您介绍一下我们的新产品吧！

✓ 金牌销冠

1. 宝子，看您的朋友圈活力满满，咱家新品正好配您的闪耀日常，要不要试试？

2. 老铁，我在朋友圈蹲了 365 天，就是为了等您说“这个我需要”！

3. 姐妹，我知道一款护肤神器，要不要当“第一批吃螃蟹”的精致女孩儿？

4. 偷偷告诉您，今天找我下单，不仅有“买一送一”的惊喜，还有我 24 小时在线的靠谱售后哟！

5. 兄弟，您的朋友 ×× 哥刚复购了 3 单，咱这品质，你确定不来验验货？

6. 小姐姐，看您朋友圈，最近早起辛苦啦！我这儿有款“5 分钟出门神器”，要不要看看？

7. 宝，咱俩关系好，我只告诉您一个人：这批限量款今晚零点下架哟！

8. 我开会刚看到新品发布的消息，就想到您了！这款新品特别适合您的需求。

9. 中秋快乐！为表心意，我特意为您准备了团圆特惠套餐，仅限今日哟！

10. 您好！您朋友 ×× 把您的微信推给了我，他让我一定来找您聊聊。

11. 下午好！有个关于咱们行业的小秘密想跟您分享，您现在方便吗？

12. 早上好！看到您在论坛的技术分享，简直太专业啦，想认识下大神，顺便和您探讨日后的合作。

13. 好哇！您现在最关心的产品需求是什么？我想为您精准推荐！

14. 您好！看朋友圈发现您是篮球迷，我们新到的运动装备特别适合实战，了解一下？

15. 打扰您一分钟，想跟您汇报个好消息！

16. 您好哇！想和您玩个小游戏：看图猜猜我们的新品功能是什么，猜不猜中都有奖哟！

17. 您好！听说您在研究智能家居方案，我们刚好有个创新产品想请您指点一下。

18. 还记得我不？我们上次在 ×× 活动上见过，您当时说的观点我一直记着，想再向您请教一下！

19. 刷到您昨晚的健身视频，这状态绝了！新到的运动蛋白粉跟您的自律人设简直“锁死”，来一勺不？

20. 刚收到线报——您关注的那款限量球鞋，咱这儿仅剩最后 3 双！上次看您在球场飒爽的样子，这鞋简直为您的“神行”量身定制，冲不冲？

打电话不被挂断的开场白金句

＜话术公式：不说“废话”＋“拳拳到肉”＞

⊗ 销售菜鸟

您好，我是××公司的，我们这儿有特别好的产品，您要不要了解一下？现在给您推荐一款性价比超高的服务。

✓ 金牌销冠

1. 您好！我们的一站式数据迁移方案已帮15家同行企业降低40%成本，能给您简单讲讲吗？

2. 您好！最近我们为中小企业定制的精准营销服务，让合作客户的订单量平均增长了35%，它肯定会对您的业务有帮助，现在方便聊聊吗?

3. 您好！我留意到贵公司屡获大奖，我们能助力您再创新高，要不要花1分钟时间了解一下?

4. 您好！我刚刚从行业研讨会上得知您正想提升供应链周转效率，我们的智能管理系统已经帮众多企业将周转效率提升了30%，给您详细讲讲?

5. 您好！我发现贵公司线上线下联动的营销模式很新颖，我们有款数据整合产品，能让这种模式收益提升20%，现在方便交流吗?

6. 您好！我知道贵公司一直致力于绿色生产，我们的新型环保材料已助力20家企业达成可持续发展目标，您不想听听?

7. 您好！我们刚完成针对制造业的风险评估，发现几个关键风险点及应对策略，对您的企业运营很有帮助，要不要我现在和您分享一下？

8. 您好！我们的配套服务和贵公司新推出的产品简直是“绝配”！它能助力产品快速打开市场，我现在给您具体讲讲？

9. 您好！我们公司和行业权威机构联合推出的企业培训体系，市场反响良好，对您的企业发展十分有利，可以给您讲讲吗？

10. 您好！了解到您正在筹备新工厂，我们能提供从设备采购到流程规划的一站式支持，我现在为您讲讲具体操作？

11. 您好！我们公司将举办针对企业高管的线下峰会，多位行业大咖会在峰会上分享经验，您可以免费参加，我向您介绍下详情？

12. 您好！早规划早受益，我家的战略咨询能帮您少走弯路，现在方便交流吗？

13. 您好！这次通话至少价值 10 万元，可能改变贵公司的命运，要聊聊吗？

14. 您好！我想用一杯咖啡的时间给您分享个商机，您方便吗？

15. 您好！发现您在优化生产流程，我们的自动化系统能帮制造业大幅节省时间，现在聊聊好吗？

16. 您好！您在拓展新市场吧？我们的本地化方案已经帮助多家企业首月营收破百万，您想了解吗？

17. 您好！企业协会会长 ×× 特意派我来给您分享方案，特别重要哟！

18. 您好！产品同质化严重？我们的差异化设计能让同类产品销量涨 35%，一起聊聊策略？

19. 您好！“知己知彼百战百胜”，我们帮您整理了竞品的数据，需要吗？

20. 您好！注意到贵公司近期正在布局海外市场，我们的跨境支付方案已帮 8 家企业降低 30% 的汇率损耗，现在聊聊如何？

21. 您好！行业报告显示贵领域的复购率增长了 25%，我们的方案帮助某企业的复购率突破 40%，对比一下策略如何？

22. 您好！恭喜贵公司的新产线投产！我们的智能质检系统能将良品率从 92% 提升至 98%，现在让我为您演示 5 分钟实测数据好吗？

23. 您好！听说您在优化库存管理，我们的 AI 预测模型能让库存周转率提升 50%，且滞销品减少 60%，要看看具体算法吗？

24. 您好！制造业人才缺口扩大，我们的蓝领招聘系统在 72 小时内的到岗率达 90%，已帮 5 家企业解决了用工荒，您想不想了解一下？

25. 您好！注意到贵公司的网店流量波动，我们的 SEO 优化方案能让自然搜索流量稳定增长 60%，且获客成本降低 35%，您想不想了解一下？

26. 您好！企业信用评级新规将在下个月实施，我们的合规管理系统已助力 12 家企业快速通过认证，帮您解读一下如何？

27. 您好！观察到贵公司的线上广告投放成本上升，我们的精准投放系统能帮企业降低 40% 成本，同时提升转化率，您要不要了解一下？

28. 您好！新能源补贴新政落地，申报服务能帮企业多拿 200 万元，我们现在就一起梳理一下适配条款吧！

第二章

与客户建立信任的 129 个瞬间

让客户放下防备是每个销冠的必备技能。抓住建立信任的关键瞬间并掌握实用策略，借细节化行动筑牢信任根基，以情感共鸣收获“老客户”。

初次接触客户，如何巧妙应对“抗拒心理”

场景 1 美容顾问发传单，客户摆手说：“我从来不做美容。”

成交瞬间： 强调美容的价值，引起客户兴趣。

话　　术： 姐，美容可是给皮肤和心情的双重充电！体验一次就当偷个懒，说不定您会爱上这种放松感呢！

场景 2 健身顾问招揽客户，客户婉拒道：“我没时间锻炼。”

成交瞬间： 强调高效的锻炼模式。

话　　术： 哥，20 分钟就能撸出好身材！我们这课程见缝插针就能练，忙人也能轻松变有型，试试呗！

场景 3 保险业务员挖掘客户，客户拒绝道：“全是骗人的。”

成交瞬间： 用实际案例破除客户的误解，重新塑造形象。

话　　术： 先生，我们不玩虚的！之前有客户靠重疾险拿到几十万元理赔，真金白银帮大忙，案例都能随便查！

场景 4 教育机构推广课程，家长说：“孩子成绩还可以，不用辅导。”

成交瞬间： 强调课外辅导的优势，激发家长的潜在需求。

话　　术： 课外辅导就是给孩子的成绩搭梯子！巩固优势＋开拓思维，让好成绩更上一层楼，让孩子试试呗！

场景 5 理财顾问介绍产品，客户抗拒：“理财风险太大了。”

成交瞬间： 介绍低风险的理财产品，逐步消除客户的担忧情绪。

话　　术： 担心风险？我们这款理财产品稳如泰山！它跟定存一样安全，收益还比存款利息多，您瞧瞧？

场景 6 推销清洁用品，客户不耐烦：“我已经有类似的产品了。”

成交瞬间： 突出产品独特优势，勾起客户购买欲。

话　　术： 这款清洁用品的去污能力更强，比您现在用的更有效，还不伤家具，换它试试，保准让您眼前一亮！

场景 7 宠物用品销售招揽客户，客户回应：“我不养宠物。”

成交瞬间： 深入挖掘客户的潜在需求。

话　　术： 现在养宠物的人越来越多啦！您要是哪天心血来潮想养个毛孩子，提前了解这些用品，准保不吃亏！

场景 8 推销保健品时，客户质疑：“保健品没啥用。”

成交瞬间： 分享客户使用产品后受益的真实案例，增强可信度。

话　　术： 有位大叔吃了我们的保健品，睡眠从翻来覆去到沾床就入睡，免疫力也肉眼可见地变好，您试试呗！

场景 9 家电销售推荐产品，客户皱眉说：“这东西太贵了。”

成交瞬间： 强调产品的长期价值，用生活类比化解价格顾虑。

话　　术： 姐，好家电虽然贵点儿，但耐用！少修两次、多用两年，算下来比便宜货划算多啦，您看看呗！

当客户说“没听过这个品牌”，如何应对

场景 1 美妆销售

成交瞬间： 突出品牌的良好口碑，借过往好评吸引客户尝试。

话　　术： 我们的产品在美妆圈可是口口相传！成分温和效果棒，博主都抢着种草，您试试，准保效果好！

场景 2 健身器材门店销售

成交瞬间： 强调产品优势和用户使用记录，消除客户疑虑。

话　　术： 我们在健身器材领域深耕十来年了，半城的健身房都用我们家的设备！质量经得起考验，售后更是说到做到，您放心入手！

场景 3 旅行社销售

成交瞬间： 凸显特色服务和游客积极反馈，增强品牌的可信度。

话　　术： 我们走的就是“酒香不怕巷子深”的路子，小众路线全靠游客的口耳相传！就说这海岛游，贴心程度堪比家人安排，您试试便知！

场景 4 教育课程销售

成交瞬间： 重点介绍教学成果和师资力量，说服家长做出选择。

话　　术：我们拥有专业的师资团队，提分效果显著，好多孩子都取得了进步，给孩子报个名吧！

场景 5　家电销售

成交瞬间：凭借创新技术与市场口碑，成功打动客户。

话　　术：在智能家电这个领域，我们向来是“敢为天下先”！就说这款扫地机器人，它的技术领跑市场，销量火爆到供不应求，早买早享受！

场景 6　宠物用品销售

成交瞬间：着重强调产品的品质契合宠物需求，有效激发客户的购买欲望。

话　　术：我们做宠物用品就俩字——用心！我们的每个产品都按毛孩子的习性打造，就说这窝，用过的主子都说“真香”，您来一套试试？

场景 7　保险销售

成交瞬间：依靠权威认证以及保障优势，获取客户的信任。

话　　术：我们公司在业内那可是“老字号，信得过”！权威认证加身，这款意外险保得全、赔得快，买份保障图个安心嘛！

场景 8　家政服务

成交瞬间：凭借优质的服务以及丰富的经验促使客户下单。

话　　术：我们干家政靠的就是“金杯银杯不如客户的口碑”！深度清洁经验丰富，角角落落都不放过，现在下单划算到家啦！

如何“嘴巴抹蜜”，让客户招架不住

<话术公式：自然赞美＋产品卖点嫁接>

ⓧ 销售菜鸟

您的皮肤这么水嫩，我们的产品就适合您这样的皮肤。

✓ 金牌销冠

1. 您这皮肤底子多好哇！可能是最近太辛苦了。您可以用这款精华液调养一下，要不了多久，您的肌肤肯定能重焕光彩哟！

2. 您戴上这条项链简直韵味十足！它把您衬托得既优雅又大气，其他项链跟它比起来，可都得甘拜下风呢！

3. 您这意志力爆表！再咬牙坚持几节课，效果肯定能惊艳所有人！

4. 您的生活讲究得很！摆上心仪的花，家里有氛围，花这点儿钱值当啦！

5. 您这颜值没得说！这发型就是为您定制的，剪完直接颜值拉满！

6. 您心善又细心，养这小狗肯定手到擒来！狗狗乖，还有全程售后！

7. 您的穿搭简直太有范儿啦！试试这款眼镜，设计感爆棚，跟您的风格简直是天作之合！

8. 您皮肤本来就白，这颜色穿您身上绝配！穿上它，您整个人的精气神儿都提起来了！

当客户问“有没有隐性费用”，如何回应

<话术公式：立诚信“人设”+亮“透明”价码>

⊗ 销售菜鸟

没写隐性费用就代表没有，请您放心。

⊘ 金牌销冠

1. 咱们做生意讲究明码标价，费用都列得清清楚楚，绝无欺瞒！

2. 咱向来是敞亮人办敞亮事，您绝对不用担心存在隐性消费！

3. 您尽管把心放进肚子里，所有费用都提前给您说明白，保证没套路！

4. 跟我打交道就图个实在，费用都提前列清楚！

5. 咱这费用写得明明白白，决不让您事后犯嘀咕！

6. 您尽管把心揣进兜里，所有花费都提前交底，灶王爷上供——摆得清清楚楚，没二话！

7. 我们公司费用透明，您随便问、随便查，绝对经得起考验！

8. 跟您说实话，隐性费用这种事，咱打心底里瞧不上，该多少就多少，您放一万个心！

9. 诚信是底气，费用透明是规矩，您尽管放心，没套路才敢这么说！

如何打造“靠谱儿”的人设？

＜话术公式：真经验＋硬实力＞

⊗ 销售菜鸟

很高兴为您服务，我给您看看有没有这方面的政策，一会儿回复您！

✓ 金牌销冠

1. 我刚刚“吃透”新款汽车的核心技术，要是您有疑问，尽管找我！

2. 我总是能成功帮客户买到心仪的好房，从选房一直到签约，全程贴心跟进。要是您有买房需求，请放心交给我！

3. 我最喜欢帮各位帅哥美女搭配服装啦，甭管啥风格都能信手拈来！找我买衣服，轻松帮您变身时尚达人。

4. 我们每天一大早把关新鲜食材，做菜就像绣花一样精细。来店里尝尝，让您知道啥叫“一分钱一分货”！

5. 用新手机给孩子拍了组照片，画质清晰得能数睫毛！真机啥样我们不藏着掖着，有问题尽管砸过来！

6. 学员跟着我练瑜伽，身姿挺拔得像小白杨，气质变化肉眼可见！想改变自己？我们课堂随时等你来“打磨”！

7. 刚刚又被客户夸了，说我们价格透明，人还实在。想买啥找我！

8. 把最新数据研究了个底朝天，理财路上有我给您把好风险关！

当客户问“产品效果好吗”，如何应对

＜话术公式：呈现效果＋实力撑腰＞

销售菜鸟

这款产品是今年同类产品中销量最大的，您就尽管放心买吧！

金牌销冠

1. 这款精华液可太受欢迎，好多用户都反馈用过之后，皮肤明显变细腻了，雀斑都淡化了好多，您也来试试呗！

2. 好多用户使用这款产品后都成功塑造了完美身材，您也试试吧！

3. 我们的线上课程都是名师一对一辅导，参与课程的孩子，平均成绩能提升 20 分呢，进步特别明显！

4. 用过这款燃油宝的车主都说动力噌噌涨，油耗咔咔降，您不来一瓶试试？

5. 用我们的办公软件，工作效率能直接飙升 30%，点击下载不走弯路！

6. 用我家清洁剂，随便喷一喷、擦一擦，就能让您的家具一尘不染！

7. 这款智能手表测心率、记录运动数据都非常精准，能帮您科学管理健康，推荐您入手一块！

8. 给毛孩子喂这款营养剂，让它们的毛发立马光鲜亮丽，身体倍儿棒，做个精致宠物家长就靠它！

当客户问“你从业多久”时，如何回答

<话术公式：老资历 + 真本事>

⊗ 销售菜鸟

我的从业时间不长，但一直用心服务每一位客户呢！

✓ 金牌销冠

1. 您问对人了，我干这行刚好十年，客户的需求我门儿清！

2. 我和客户打交道太多了，什么样的需求没见过？您尽管说，我准能给您合适的方案。

3. 从入行到现在，踩过的坑都成了经验，我保准让您少走弯路。

4. 这么跟您说吧，我吃这碗饭八年了，您的问题在我这儿都是“老熟人”啦。

5. 干这行五年了，客户的心思就像自家事，咱就是要帮您把事办得妥帖。

6. 要说资历，我的六年经验全攒在跟客户的磨合里，您的事我必须上心！

7. 我是十年老江湖，已经把行业里的门道摸得透透的，选我准保让您放心。

8. 别瞧我做这行才四年，我把每单都当第一单来做，您的满意就是我最大动力！

9. 七年销售历经风雨，客户需求我全知悉，精准方案已备好，就等您签约！

当客户查企业信息时，如何应对

<话术公式：现状“看涨”+优势“炸场”>

⊗ 销售菜鸟

您这是对我们还不放心哪，我们企业没问题，您就尽管放心吧！

✓ 金牌销冠

1. 虽说我们公司年轻，但团队都是行业老手，大项目一个接一个！

2. 调整经营范围是为了紧跟市场风口，开拓新机会，这是我们与时俱进的体现哪！

3. 我们店规模不大，但对顾客绝对用心，客户满意度一直在稳步提升呢！

4. 我们向来是闷声干大事，虽然公众号更新慢，但每次更新都是干货！

5. 我们不追着大公司跑，只专注服务中小企业，合作深入又贴心，这才是我们的核心竞争力！

6. 我们公司的信息就像开了“美颜”——资质全、案例靓，关键是经得起放大细看！

7. 我们不拼专利数量，就死磕核心技术突破，这些技术落地效果卓著，您看案例就明白啦！

8. 我们不追求市场份额排名，就一门心思把服务做到极致，所以我们的客户口碑个顶个的好！

当客户质疑资质时，如何回答

<话术公式：资质过硬 + 实力强劲>

⊗ 销售菜鸟

我们的资质绝对没问题，您就尽管放心吧！

✓ 金牌销冠

1. 我们的资质证书一应俱全，手上的优质工程案例更是一抓一大把，质量这块您放一百个心！

2. 美容师的资质证书都是实打实的，我们的经验丰富得能开班教学！

3. 我们的检测流程比考试还严格！各大企业都在用，口碑这块没得说！

4. 我们律师的执业资质都是杠杠的，胜诉案例一箩筐！把您的案子交给我们，保管给您办得明明白白！

5. 我们的团队成员个个都是响当当的技术大拿，实力没得说。

6. 资质是实力的支点，您尽管“打破砂锅问到底”，我们接得住招儿！

7. 我们的会计师个个顶呱呱，经手的账目堆成小山！把您的财务问题交给我们，请放一百个心！

8. 资质是门槛，服务是招牌。针对您关心的“硬指标”，我们都揣着“通关文牒”呢！

当客户要求见领导，如何解决

<话术公式：真诚回应 + 高阶共情 + 光速解决>

⊗ 销售菜鸟

不好意思，领导比较忙，没有时间哪！

✓ 金牌销冠

1. 真的非常抱歉！我这就把情况仔仔细细地记录下来，反馈给领导。您先消消气，我马上想办法解决，好吗？

2. 就凭咱俩这关系，您的需求我肯定第一时间满足！能不能先和我说说？我保证不踢皮球！

3. 领导这会儿不在哟！但我能帮您申请额外的赠品，您看这样行不行？

4. 我完全理解您的问题。这些条款是经过多轮深入商讨才最终确定下来的，我再陪您仔细梳理一遍，看看哪些地方可以再优化，可以吗？

5. 很抱歉，让您担心了！眼下项目已经到了具体阶段，后续我们会采取加速措施，保证能跟得上进度。

6. 非常抱歉！领导现在不在公司，但您的需求我一定亲自跟进到底。

7. 领导这会儿实在抽不出时间，但公司未来会在核心业务方向大力投入资源，您所关注的产品也会不断升级，发展潜力无限。

8. 实在不好意思！您是我们重要的客户，后续我们会安排专人全程跟进，必定让您满意。

当客户问“有多少成功案例”，如何回答

＜话术公式：实例说服＋成果“种草”＞

⊗ 销售菜鸟

我们的成功案例可多了，我给您介绍几个吧！

⊘ 金牌销冠

1. ×× 企业在使用我们的软件后，办公效率火箭般地提升了30%！

2. 去年我们机构有50多位同学考上重点校，真是长江后浪推前浪！×××从中等生逆袭名校，进步突飞猛进！

3. 不少“痘痘肌”顾客来我们这儿，几个疗程下来，皮肤光滑细腻，整个人容光焕发，颜值直接开挂！

4. ×× 店铺和我们合作半年了，销售额芝麻开花节节高，暴涨200%！在电商圈狠狠火了一把，你还不心动？

5. 成功减脂的会员太多了！有位会员3个月瘦20斤，体脂狂降，身材脱胎换骨，谁看了不夸一句“牛”！

6. 我们给 ×× 品牌策划的活动曝光量达到千万级，让它的知名度一飞冲天！在行业里掀起热潮，效果没得说！

7. 我们处理过几十起类似案件，胜诉率超80%，稳扎稳打帮当事人维权！

8. 去年客户平均年化收益率达12%！张总投50万元赚6万元，他睡觉都能笑醒。

当客户索要合同模板，如何解决

<话术公式：合同在手 + 保障我有>

⊗ 销售菜鸟

嗯，我们谈好合作细节再看吧，放心，都是标准模板，您就尽管放心！

✓ 金牌销冠

1. 没问题！我们按规矩办事，合同的每一条都明明白白，看完保准放心！

2. 合同模板都是量体裁衣！您这项目的特殊需求，我们都能精准对上号，马上发您瞧瞧。

3. 这就发您！合同里明明白白地写着功能、服务和售后，我们的软件主打的就是高效便捷，您看条款就知道它有多妥帖。

4. 马上发！标准和条款写得像账本一样清楚，您看完肯定能放心。

5. 没问题！合同就像松紧带，能按您的店铺情况调整到合适，这就发您，我们随时聊细节。

6. 这就给您！合同里清清楚楚地写着设计服务和质量保障，我们的优势都在字里行间，一看就懂。

7. 好的！合同对运输安全和理赔列得比较细，我们的物流体系“使命必达”，您尽管放心。

8. 这就拿给您！我们按合同办事，服务质量绝对不跑偏。

如何用一句话赢得客户信任

<话术公式：实力强劲 + 质量封神>

⊗ 销售菜鸟

您好，我们的产品质量很好，价格也实惠，您放心购买就行。

✓ 金牌销冠

1. 一有和世界 500 强打交道的我们身经百战，服务经验一箩筐！针对您的需求，我们保准“定制”到您的心坎里！

2. 行业里的“金字招牌”我们都拿遍了！我们的质量经得起“千锤百炼”，您放心下单，错不了！

3. 售后团队随叫随到！24 小时在线守着您，安装使用全程保驾护航！

4. 我们一直和行业大拿并肩作战，最新资讯“近水楼台先得月”！方案紧跟趋势，专业度高，绝对值得信赖！

5. 我们的产品服务是行业内响当当的标杆，您与我们合作就是“省心+安心”！

6. 我们不炒作，全靠品质好；我们不推销，全靠老友介绍。选我们，服务必定说到做到！

7. 保密工作滴水不漏，商业机密严防死守！在合作期间，您的权益我们保驾护航！

8. “耳听为虚，眼见为实！”免费试用随便测，满意了再下单，让您买得放心，用得舒心。

9. 拿了 3 年“诚信企业”称号，我们做生意讲的就是“靠谱 + 实在”！

10. 老客户都和我们“长长久久”，因为我们把共赢理念刻进骨子里！选我们就是选择了“长久靠谱儿的伙伴”！

11. 我们的服务网点“遍布天涯海角”，当您需要时，我们永远在！

12. 定制服务都是量身打造，您的需求我们会照单全收，保证专属方案严丝合缝，让您感受私人定制的贴心！

13. 我们的研发团队精益求精，专利技术年年更新！产品就像“活水”不断升级，您跟着我们走，就不怕落后！

14. 同样品质比价格，同样价格比品质！我们的产品是出了名的物美价廉，花小钱办大事，精明人都这么选！

15. 从生产到交付，全程“雷厉风行”！订单一到马上动工，决不拖泥带水，按时交货这方面我们向来说一不二！

16. 团队里个个都是精兵强将！销售懂需求，技术懂落地，服务懂跟进，您的难题我们“一站式”搞定！

17. 与我们合作过的企业有目共睹，从初创公司到上市企业，我们帮无数客户披荆斩棘，您的同行都在选，您还犹豫什么？

18. 合作有风险？我们给您“上保险”！合同条款明明白白，售后保障稳稳当当，让您背靠大树好乘凉！

19. 我们在这行扎根 16 年，服务超 3000 家客户！质量方面必须得给您撑足面子！

20. 我们的技术团队全是 10 年以上的老手！每个产品都经过反复测试，质量过硬才敢往外卖！

21. 我们的行业奖项一箩筐，客户好评贴满墙！用过的客户都说好！

22. 研发投入年年涨，专利技术不断上，产品一直更新，不会让您慌！

23. 我们和百强企业都合作过，您的需求咱门儿清，质量包您满意！

24. 生产流程严又细，层层把关不马虎！东西啥成色，您一看就清楚！

25. 售后团队随叫随到不拖延！用着有问题，随时找咱来解决！

26. 定制方案做了上万套，啥需求都难不倒我们！专属服务量身造，让您用着刚刚好！

27. 诚信经营 18 年，口碑就在那儿摆！东西好不好，时间早就给了答案！

28. 我们的团队藏龙又卧虎，个个都是顶梁柱！从生产到售后，全程为您把好关！

29. 我们跟行业大腕合作 10 年，客户的需求咱门儿清，方案量身打造，保您用着好！

30. 我们与老客户风雨相伴 16 年，把共赢理念刻进骨子里，选我们就是选靠谱儿！

第三章

精准狙击，了解客户需求的 130 个瞬间

精准狙击痛点，瞬间洞悉客户需求是成交的关键。学会深度挖掘潜在诉求，以敏锐的洞察力开启深度沟通，轻松赢得业务先机。

倾听客户需求时，该如何推荐商品

场景 1 化妆品店内，顾客表明有改善肌肤暗沉的需求

成交瞬间： 依据该需求，推荐具备提亮功效的产品。

话　　术： 亲，这款美白精华添加烟酰胺，提亮效果立竿见影！坚持用，肌肤透亮，自带打光。

场景 2 在家电商场，顾客提出想买一台节能冰箱

成交瞬间： 强调产品的节能优势，从而促成交易。

话　　术： 这款冰箱采用了最新节能技术，每天的耗电量还不到一度，电费省到就是赚到。

场景 3 母婴店内，妈妈提出要给宝宝挑选一款温和的洗发水

成交瞬间： 为其推荐契合需求的温和型产品。

话　　术： 这款宝宝洗发水温和如春风，天然植物配方，不伤头皮，是妈妈的放心之选。

场景 4 在运动用品店，顾客说要买一双适合长跑的鞋子

成交瞬间： 向其推荐专业的长跑鞋，以满足运动需求。

话　　术： 您看这双跑鞋，它的减震和支撑性能都特别棒，长跑能保护膝盖，专业选手都爱它。

场景 5 在宠物商店，顾客要为自家猫挑选舒适的猫窝

成交瞬间：详细介绍猫窝在舒适性方面的显著特点，以此吸引顾客购买。

话　　术：这款猫窝的空间十分宽敞，里面的绒面材质柔软透气，保证猫咪睡得舒服惬意。

场景 6 在书店，学生想要一本能够提高数学成绩的辅导书

成交瞬间：依据学生的需求，精准推荐优质的辅导资料。

话　　术：这本辅导书题型全，讲解也透彻，解题技巧部分更是干货满满，提分指日可待！

场景 7 厨具店里，顾客想要买不粘锅

成交瞬间：着重突出产品的特性，顺利促成交易。

话　　术：这款不粘锅的涂层采用高端材料，煎鱼不破皮，烙饼不粘底，一擦就净，厨房小白的福利呀！

场景 8 潮品店里，顾客想要挑选一份送给女性朋友的创意礼品

成交瞬间：为顾客推荐独具创意的礼品，满足其送礼需求。

话　　术：您看这款星空投影仪，创意十足！送礼别出心裁，朋友肯定爱不释手。

场景 9 服装店中，顾客表示想找一条显瘦的裤子

成交瞬间：根据顾客需求，推荐具有良好效果的产品。

话　　术：姐妹您看这条裤子，高腰设计 + 微喇叭型，是显瘦界的“隐藏高手”，穿上它显瘦三斤！

怎样向客户提问，才能“说到点子上”

场景 1 化妆品店

提问瞬间： 了解顾客肤质，推荐适配产品。

话　　术： 您好哇！选护肤品要量体裁衣，您的肤质是干性、油性，还是混合性呢？我帮您挑更适配的产品。

场景 2 冰箱专卖店

提问瞬间： 把握顾客的使用诉求，匹配对应的产品功能。

话　　术： 家里平时囤货多吗？如果食材多的话，选择大容量分区冰箱能一举两得，保鲜、收纳都省心。

场景 3 旅行社

提问瞬间： 精准把握顾客的旅行喜好，精心规划适配的行程。

话　　术： 您是更钟情于自然风光，还是偏爱人文古迹呀？赶快告诉我，这样我就能为您量身定制专属线路啦！

场景 4 健身房前台

提问瞬间： 了解顾客的健身目标，提供有针对性的方案。

话　　术： 您来健身是打算撸铁增肌、甩肉减脂，还是只想塑形美体呢？针对不同目标我们有“对症” 课程。

场景 5 培训机构

成交瞬间： 了解学生的学习情况，为家长推荐适配课程。

话　　术： 孩子目前是哪科在拖后腿呀？想提成绩还是培养兴趣？我们未雨绸缪，提前规划。

场景 6 宠物用品店

成交瞬间： 了解宠物的具体情况，从而推荐恰当的粮种。

话　　术： 您家毛孩子是小不点儿、中等个儿，还是大块头儿呀？我们要按体形推荐狗粮，让您做到精准投喂！

场景 7 花店

提问瞬间： 了解买花的用途，以便搭配出让顾客满意的花束。

话　　术： 您买这束花是送人表心意，还是自家添氛围呀？您的预算是多少？我们按需搭配，保准合您的心意！

场景 8 汽车 4S 店

提问瞬间： 了解购车的用途，为顾客推荐合适的车型。

话　　术： 您买车是日常代步，还是经常跑长途哇？我来给您推荐一款适合的车型。

场景 9 服装店

提问瞬间： 了解顾客的穿着场景，给出更贴合身份的搭配建议。

话　　术： 这衣服是打算约会撑场面，还是日常当“通勤战袍”哇？我帮您搭对场合，保证回头率翻倍！

当客户沉默时，钓出“真心话”的瞬间

<客户本位 + 真诚“必杀”>

⊗ 销售菜鸟

您别光看哪，说说想法呗！

✓ 金牌销冠

1. 沉默是金，但您的需求才是“真金”，说说您心里的想法呗！

2. 我这人是直肠子，您要是觉得哪儿不合适，就直说！

3. 您不说话我心里没底，平时买这类东西，您最看重哪点？

4. 我就怕考虑不周到，您说说怎样能让您更踏实？

5. 您沉默的时候我总担心自己的努力和您预期的不太一样。

6. 买卖讲究个实在，您哪怕说句“再想想”，我也知道哪里不周到嘛！

7. 我这人最怕客户委屈自己，您哪怕说句“不太满意”，也算给我提个醒！

8. 您就当我是自家人，缺啥少啥您尽管言语！

当客户问“最低多少钱”时，如何回应

< 话术公式：“利他”话术 + 说进“心坎” >

⊗ 销售菜鸟

再低也低不到哪儿去了，现在已经是最低价了！

✓ 金牌销冠

1. 您今天下单，我就帮您申请专属折扣，错过您可就要拍大腿啦！

2. 这裙子的面料没得挑，做工精细到针脚都藏着讲究！今天下单就送条搭配的小丝巾，锦上添花。

3. 这车售后“超长质保兜底”，首年保养直接免单！后期用车省心省力，整体算下来性价比爆棚！

4. 最低价就像“别人家的孩子”，听听就行，咱家讲究“对您胃口”！

5. 品质无须怀疑，营养全锁在油里！现在买就送俩精致油壶，买椟还珠都没这么划算！

6. 最低价就像流星，闪过就没了；品质才是恒星，用起来安心！

7. 体验不会说谎——您先试试我们的产品，保准觉得值当。

8. 砍价不如说需求，和我说说您的预算，我让您把钱花在刀刃上！

当客户说"随便看看"，如何应对

<话术公式：持续追问＋促膝谈心>

⊗ 销售菜鸟

好，那您就随便看看吧，有什么问题可以叫我呀！

✓ 金牌销冠

1. 货比三家不吃亏，我帮您筛干货，省得您绕弯路哇！

2. 来都来了，缘分到这儿了，瞅中哪个了？咱俩聊聊！

3. 看您这么漂亮（帅气），咱交个朋友吧，买卖不成仁义在嘛！您对啥感兴趣，和我聊聊。

4. 看热闹不如看门道，我给您划重点，帮您省时省力挑好货！

5. 和我聊聊吧！很多顾客一开始也和您一样不太确定需求，聊着聊着就找到合适的产品了。

6. 进店即是"自己人"，别客气，就当逛自家仓库，缺啥少啥咱们唠唠！

7. 欢迎挑选！您是不是觉得现在用的产品有不方便的地方，也许我们能帮您解决！

8. 之前有顾客和您情况类似，最后选了 ×× 款，您想听听为什么吗？

当客户说“我现在没需求”，如何回应

<话术公式：顺承接话 + 引导沟通>

销售菜鸟

哦，好吧！

金牌销冠

1. 先生（女士），意外就像天气，说变就变，保险是未雨绸缪，给未来上把安全锁吧！

2. 需求像口袋，掏一掏才知有无，也许我有您要的“宝藏”呢！

3. 您放心，我不推销，就给您当个备胎，需要随时叫我！

4. 我们现在推出了免费体验活动，不用花一分钱就能感受效果，觉得不错再做决定，稳赚不赔哟！

5. 您现在没需求，就当提前考察啦，货比三家不吃亏嘛！

6. 亲，新品折扣力度空前，还送礼品，划算到超乎想象！

7. 日常打扫费时费力，如果以后忙不过来随时 Call 我们，我们的保洁团队召之即来！

8. 这条线路把吃喝玩乐全配齐了，万一以后有空，就来场“说走就走”的旅行吧！

当客户询问有哪些颜色时，如何精准挖掘痛点

<话术公式：推荐选色＋制造纠结>

⊗ 销售菜鸟

我们这儿产品全着呢，百花齐放，动漫、手绘、纯色任您挑！

✓ 金牌销冠

1. 正红色气场全开，豆沙色温柔可人。当然，“到什么山唱什么歌”，您需要应对哪种场合？

2. 橘色亮眼，粉色少女，灰色百搭，可是还得入乡随俗哇！您家的装修风格和宝贝喜好更偏向于哪种？

3. 暖白温馨，冷白清爽，“灯不拨不亮”，您家是简约风还是温馨风？不同颜色营造出来的氛围大不相同。

4. 红色霸气，黑色耐脏，可是“萝卜青菜各有所爱”，您更喜欢哪种？

5. 浅色系属于“润物细无声”，能舒缓心情，您倾向于哪种风格？

6. 黑色炫酷，橙色活力，“好马配好鞍”，您是日常骑行还是越野？不同颜色的户外辨识度不同。

7. 金色显白，玳瑁色复古，“人靠衣装”，您的肤色适合前者，风格偏向于后者。

8. 有灰色和蓝色两款颜色，灰色经脏又耐看，您更在意实用还是配色？

当客户触摸材质，如何接话

<话术公式：高端材质 + 绝佳体验>

⊗ 销售菜鸟

一等一的材质，它在同类里不敢说最好，那也是“一览众山小”了。

✓ 金牌销冠

1. 您真有眼光！这项链用 925 银打造，细腻不过敏，还能越戴越亮。

2. 我们的沙发采用高回弹海绵填充，您坐上去试试！

3. 这束花拍照很上相吧？摆在您家阳台拍会更漂亮呢！

4. 宝贝，你摸摸看，棉花糖都没它软，晚上抱着它睡觉，在梦里都能笑开花！

5. 这材质“越老越吃香”，用久了它的光泽就像老茶壶，特有味道。

6. 玻璃的后盖凉如三伏井水，散热快、手感滑，在阳光下还能闪出七彩光晕呢！

7. 这陶瓷明如镜、声如磬，耐得住高温，扛得了腐蚀，摆家里就是件传家宝。

8. 它的面料是防水尼龙，暴雨天在帐篷里听雨打芭蕉，别有一番滋味。

当客户拿出手机拍产品，如何应对

<话术公式：乘势追击＋疯狂“安利”>

⊗ 销售菜鸟

您好，不许拍照，谢谢配合！

✓ 金牌销冠

1. 哇，您的眼光真好！这项链的设计是独一份儿，您拍照发圈准能引发“羡慕三连”，都说您慧眼识珠！

2. 好书不厌百回读。光拍照哪儿够？带回家泡壶茶细品，滋味比截图浓十倍。

3. 这花束拍照能锦上添花，再搭配上鎏金包装纸，朋友圈的C位非您莫属！

4. 孩子见了准喊“哇”！三种变形模式，怎么玩都玩不腻，买它绝对值回票价。

5. 拍完记得戴上这款耳机，让您仿佛置身于音乐厅，试听30秒您就不想摘了！

6. 佛靠金装，人靠衣装。这裙子您穿上肯定比挂着拍好看十倍，试衣间就在左侧！

7. 拍完记得带它回家，让这款手办成为您柜子里的常驻嘉宾！

8. “好吃不如饺子，舒服不如倒着。”但我们家的糕点能让您吃着倒着都不想停！先尝后买，童叟无欺。

客户问附加功能时，如何应对

<话术公式：亮眼优势＋实用性暴击>

⊗ 销售菜鸟

附加功能也很多呀！

✓ 金牌销冠

1. 病从口入，防患未然。这冰箱还带净味除菌功能。

2. 办卡送课程，“买一送三”，还赠送量身定制的健身计划，这叫“四两拨千斤”！

3. “一专多能”说的就是它，打印、复印、扫描、传真样样行。

4. 它的红外遥控功能可以说是“一机在手，全屋我有”，空调电视机顶盒，动动手指全拿下。

5. 这款表就是“健康小管家”，全天候盯着您的心率睡眠，数据比您还了解自己的身体。

6. 自动泊车功能让新手秒变老司机，侧方停车一把进，窄车位也能游刃有余。

7. 换上除螨刷，给床铺沙发来个深层清洁，让螨虫无处遁形！

8. 当然有啦，密码卡刷手机全支持，狡兔三窟不如我们有三重解锁，忘带钥匙照样轻松进家门。

当客户问产品是否环保时，如何应对

＜话术公式：环保＋安全健康＞

⊗ 销售菜鸟

我们的产品绝对安全！

✓ 金牌销冠

1. "真金不怕火炼",这款板材有国家E1级认证,装修完晾三天就能入住!

2. 食品级硅胶＋国际环保认证，安全到能当宝宝的磨牙棒，它在宝妈群里口碑炸裂。

3. 内饰采用环保材料，甲醛含量全行业最低，坐进去就像进入了氧气舱。

4. 棉麻面料"天然去雕饰"，透气性堪比竹林穿堂风，零化学添加，是皮肤敏感型人的救星，您可以放心使用。

5. 这菜生吃都带着泥土的清香，农药检测报告比脸还干净。

6. 植物成分取之自然还于自然，上脸温和得像春雨润物，空瓶埋土里三个月就能降解!

7. 制冷剂不仅不伤臭氧层，还省电，十年省下的电费够买台新空调!

8. 猫砂"化作春泥更护花"，植物原料遇水秒融，冲马桶不堵下水道，铲屎官都说好!

当客户质疑产品是否通过认证时，如何应答

<话术公式：白纸黑字 + 夸张担保>

⊗ 销售菜鸟

怎么可能没有认证呢？

✓ 金牌销冠

1. “白纸黑字”的质检报告在这儿！这款奶粉已通过欧盟认证，月销 10 万罐零投诉，宝妈可以闭眼入。

2. 安全认证可是百炼成钢啊！敏感肌测试连做 180 天，烂脸型人用完都说“枯木逢春”啦！

3. 它的节能标识是有目共睹的，一年省的电够追 200 部剧！

4. 狗粮认证是板上钉钉的，隔壁金毛吃三年都胖了……哦不，壮了三斤！

5. 甲醛数据是“铁证如山”，国标限值 $0.1mg/m^2$，我们实测 $0.03mg/m^2$，比儿童房标准还严格！

6. 教练证书可是货真价实，国职认证 + 健美大赛奖杯摆满墙，上课效果保您脱胎换骨！

7. 办学资质童叟无欺，教育局备案编号官网可查，孩子学完拿证，全网通用。

8. 我已将食品安全认证书发至您的微信，坏一包赔十箱！

唤醒客户潜在需求的金句

<话术公式：幽默“有梗”+话里有话>

⊗ 销售菜鸟

我们这产品可好了，功能多又实用，您看看有没有需要？

✓ 金牌销冠

1. 80% 的顾客和您一样，开始没需求，用过才发现离不开它。

2. 与其纠结“要不要”，不如想想“早买早享受”的快乐！

3. 好马配好鞍，您现在用的 ×× 是不是也该升级了？

4. 优惠就像早班车——错过这班，可要等下一班了！

5. 现在的小犹豫可能变成将来的大遗憾哦！

6. 可别小瞧我家产品，它就像家里的灭火器——平时不起眼儿，关键时刻“价值连城”！

7. 您不是在消费，而是在为更高效的自己投资。

8. 与其将来花双倍价钱补救，不如趁现在打折，一步到位！

9. 我们的产品看起来普普通通，用过才知道有多好。每个说“不需要”的顾客，最后都成了回头客！

10. 您这不是花销，而是储蓄，用我家产品省下的时间就是赚到的财富。

11. 今天的小决定可能成为明天最庆幸的选择！

12. 您知道吗，每个犹豫的顾客最后都说：“早知道就该早点儿买！”

13. 您的需求就像衣服尺码，不说清楚我可不敢乱推荐哪！

14. 您最近有没有碰到啥事儿，让您觉得“要是有个 ×× 产品就好了”？

15. 买东西就像找对象，不说清楚要求，咋知道合不合适呢？

16. 不买也可以体验一下！说不定我家产品的细节里藏着让您“非买不可”的理由呢！

17. 错过我的推荐没关系，但别错过让自己生活更舒心的机会呀！

18. 早买早受益，就像早防晒少晒黑，道理都一样！

19. 生活本来就不容易，您那么忙，不妨对自己好一点儿。买这个产品，就当犒劳自己啦！

20. 我宁愿您嫌我烦，也得帮您介绍介绍，因为我要为您考虑周全！

21. 心动不如行动！犹豫的时间越长，错过的优惠和体验就越多哦！

22. 90% 的客户体验过我家产品后都会说：“它比想象中实用多了。”您也试试，试过不好您骂我！

23. 咱这产品能帮您把每一分钱都“花出水平”，不信您试试？

24. 不怕不识货，就怕货比货！我们的产品质量最不怕比较，比一比您就知道它有多好！

25. 早起的鸟儿有虫吃！早用咱的产品，早享受便利，别让对手抢先机！

26. 打铁要趁热！您的需求此刻在，咱的服务马上来，别拖别等就现在！

27. 和我们合作就像多了个好帮手，帮您把事业运越烧越旺！

28. 我们的产品经得住考验，用得越久越觉得“选我们没错”！

29. 我们家的效率高又快，帮您节省时间，让您把精力花在“赚大钱”上！

30. 背靠大树好乘凉！选我们家做伙伴，就像有了坚强后盾，让您放心闯天下！

31. 需求就像肚子饿，别等低血糖才找吃的，提前备着不心慌啊！

32. 买东西像相亲，看照片说一般，见真人就心动，来体验下，说不定就对上眼了！

第四章

成功推荐产品的 128 个瞬间

仅凭“三言两语”就能让产品成功出售。抓住关键的瞬间，精准剖析客户需求，高效激发购买欲望，让你用专业表达赢得客户认可。

如何让客户听明白难懂的产品概念

场景 1　电脑销售门店，客户问："这款电脑的硬盘有什么特性？"

成交瞬间： 用通俗易懂的比喻来阐释二者差异，帮助客户理解产品优势。

话　　术： 这款电脑的硬盘好比通畅的高速公路，数据存取的速度超快；而普通硬盘就像经常堵车的小路，速度可要慢许多。

场景 2　化妆品专柜，顾客问："'烟酰胺'真的能美白吗？"

成交瞬间： 结合生活中常见的现象来讲解成分作用。

话　　术： 烟酰胺是"擒贼先擒王"，专逮黑色素的源头下手，用上一个月，您的皮肤能白得反光！

场景 3　家电卖场，客户问："'变频压缩机'是什么呀？"

成交瞬间： 以调节温度为例展开说明，让客户能有更直观的感受。

话　　术： 这压缩机是"看人下菜碟"，温度高一档它就猛制冷，温度达标它就偷懒省电，比管家还会算账！

场景 4　宠物店，顾客问道："'益生菌配方'好在哪里？"

成交瞬间： 与宠物健康相关联，详细解释配方的益处。

话　　术： 益生菌就像肠道里的小卫士，能让毛孩子的消化功能更上一层楼，大大减少软便、拉稀等状况的发生。

场景 5 家居店里，客户问："即热式和储热式的区别在哪里？"

成交瞬间：借生活中的常见场景来讲解两者的差异，帮助客户理解。

话　　术：储热式就是"寅吃卯粮"，提前准备好热水，用的时间久了，水温就会逐渐变凉；而即热式则是"现炒现卖"，随时都有热水。

场景 6 汽车 4S 店，客户问："'涡轮增压'发动机是咋回事呀？"

成交瞬间：用简单的比喻阐释原理，展现其动力方面的优势。

话　　术：涡轮增压就像给发动机"打气"，能让发动机吸入更多的空气，动力大幅提升。

场景 7 保险上门签单，客户问："'分红型保险'是什么？"

成交瞬间：简化概念，结合生活场景说明。

话　　术：分红险好比"母鸡下金蛋"，本金保底稳如泰山，每年还能孵出红利金蛋，让您躺着赚钱。

场景 8 手机专卖店，客户问："骁龙芯片到底好在哪儿？"

成交瞬间：趣味类比芯片性能，突出速度快的优势。

话　　术：骁龙芯片就像武林高手，别人还在热身，它三下五除二就把活儿干完了，用三年都跟新的似的！

场景 9 健身房，客户问："椭圆机和跑步机有啥区别呀？"

成交瞬间：对比二者的运动方式和效果。

话　　术：跑步机主要增强肌肉力量，而椭圆机更柔和，对膝盖的压力较小。

当客户拿着样品来咨询，如何应对

场景 1　数码用品店，客户拿着样品问：“操作起来会不会很复杂？”

成交瞬间：消除客户对操作难度的顾虑，凸显产品的便捷性。

话　　术：您放心，这款产品的操作界面简洁易懂，哪怕是“电子小白”也能在短时间内快速上手。

场景 2　服装店，客户拿着样品吐槽：“这颜色看着有点儿显老气呢。”

成交瞬间：给出其他颜色的选择方案，以契合客户的审美需求。

话　　术：这款服装还有好几种时尚的配色哟，比如浅蓝、米白，都特别显年轻，您要不要看一看哪？

场景 3　超市里，客户拿着试吃品问道：“添加剂多不多呀？”

成交瞬间：突出产品安全性，让客户能安心购买。

话　　术：这款零食可是严格依照国家标准来生产的，添加剂的使用量极少，主打健康天然的理念，您吃着绝对安心。

场景 4　家具店，客户指着家具样品问：“材质好像不够结实！”

成交瞬间：详细介绍材质的优势，消除客户心里的顾虑。

话　　术：这款家具是用优质实木打造而成的，质地十分坚硬，承重能力超强，特别耐用，质量绝对有保障。

场景 5　美妆店，顾客拿着样品问：“抹到脸上会不会过敏哪？”

成交瞬间：给出产品安全可靠的证据，提升顾客的购买意愿。

话　　术：这款产品经过了严格的过敏测试，绝大多数人使用起来都没有问题，它还添加了舒缓肌肤的成分，敏感肌的朋友也能轻松使用。

场景 6　家装店，顾客指着建材样品问：“这安装起来会不会很麻烦哪？”

成交瞬间：强调安装的便捷轻松，推动交易达成。

话　　术：我们配有详细的安装指南，并且提供上门安装服务，您根本不用操心。

场景 7　儿童玩具店，客户拿着样品说：“这玩法有点儿单调。”

成交瞬间：详细介绍多样玩法，全方位提升产品的吸引力。

话　　术：这款玩具可有不少隐藏玩法哟，既可以组合变形，还能搭配 APP 实现互动，孩子们能玩好长一段时间呢！

场景 8　文具店，客户拿着样品抱怨道：“价格有点儿贵呀！”

成交瞬间：强调产品性价比，并提供优惠信息。

话　　术：虽说价格稍微高了点儿，可它质量超棒，使用寿命也长。而且现在购买不仅有折扣，还会赠送替换装呢！

当客户问“我不想等预售，是否有现货”，如何应对

场景1 美妆网店销售

成交瞬间： 向客户强调产品优势，促使其下单。

话　　术： 亲，口红有现货，先到先得，热门色号涂上就能让您白两个度，付款后闪电发货，明天就可以美美地用上啦！

场景2 零食微商

成交瞬间： 向客户表明现货充足，提及购买优惠。

话　　术： 亲，我们这款零食的库存堆积如山，满 50 元减 10 元，等于白送三包，不薅这波羊毛的话，绝对亏大了！

场景3 家居用品客服

成交瞬间： 告知客户有货，突出产品的便捷性。

话　　术： 这款水壶“水到渠成”，3 分钟煮沸不费电，现在下单，今晚就能喝上热茶！

场景4 运动用品客服

成交瞬间： 向顾客展示现货优势，并提供附加服务。

话　　术： 亲，这款篮球鞋现货充足，它们已经整装待发！同时赠专业运动袜，并提供顺丰包邮，穿上它，球场称王指日可待！

场景 5 母婴用品店客服

成交瞬间： 向客户强调品质保障。

话　　术： 这款奶粉有现货哟！它是“真金不怕火炼”，有欧盟认证，并且是新鲜批次，今日下单隔天送到，让宝宝口粮不断档。

场景 6 数码配件网店客服

成交瞬间： 说明现货情况，宣传产品优势。

话　　术： 亲，快充头宛如及时雨，仅需 30 分钟便能让您的设备满血复活。今晚下单，明早就可以和充电宝说拜拜了。

场景 7 宠物用品网店

成交瞬间： 宣传快速发货的特点。

话　　术： 有的哟！这款猫砂一箭双雕，除臭结团两不误，下午 3 点前下单，猫咪今夜就可享五星级厕所哟。

场景 8 书店官网客服

成交瞬间： 告知客户有现货，并突出配送快的优势。

话　　术： 亲，这本书有现货，并且是朝发夕至，早 8 点下单，晚 6 点开卷，精彩剧情不隔夜！

场景 9 服饰网店客服

成交瞬间： 强调即买即穿的畅快。

话　　术： 亲，我们的卫衣都是现货，下单秒发，一刻都不耽误。现在下单，明早您就能穿上它去“炸街”，晚了可就被抢光咯！

当客户要求试穿（试用）时，这样回答“更种草”

＜强化体验＋煽动购买＞

⊗ 销售菜鸟

好的，试穿（试用）区在那边，您去看看吧。

⊘ 金牌销冠

1. 随便试！这款口红上嘴后会像巧克力一样化开，喝水都不沾杯呢。

2. 这双鞋您踩上去就像踩着像云朵，即使逛 2 小时都不会感到疲惫！

3. 试试体验课，能让您脱胎换骨！都是教练量身定制的动作，练完肌肉酸爽得刚刚好，早上起床马甲线都隐约可见。

4. 试过才知对不对味儿！您试试这香水，前调清新、后调沉稳，保准让您越闻越喜欢。

5. 能试穿哈！这条裙子的剪裁堪称一绝，背影杀手非您莫属！

6. 随便戴！这耳机一扣，您就像钻进了“金钟罩”，拖拉机从边上经过都吵不着您！

7. 按摩椅可以试坐哟！坐上去马上让您乐不思蜀，气囊按摩像八只手同时揉捏，三分钟赶走肩颈僵硬，您舒服得能睡着。

8. 好货不怕检验！您试戴这首饰，能衬得肤色白里透红，超显贵气！

当客户担心使用时会出问题，该如何应答

<话术公式：抚平疑虑＋大包大揽>

销售菜鸟

您放心，咱这产品肯定没问题！

金牌销冠

1. 您放心，出问题算我的！跟我合作就像签了“保险单”，24 小时随时恭候！

2. 有我在，您尽管用！出问题包修包换，比亲兄弟还实在！

3. 这产品就像老树根——扎得稳、扛得住，真要出问题，我就算砸锅卖铁也给您解决！

4. 您顾虑的问题，我们早考虑到啦！全国联保＋终身维护，用坏算我的！

5. 咱这产品经过“千锤百炼”，就跟老司机开车似的，出问题？不存在！

6. 退一万步讲，就算有问题，只要您一句话，我分分钟给您处理！

7. 这产品稳如“老黄牛”，如果出问题，我亲自上门给您赔不是！

8. 放心大胆用，售后比“及时雨”还灵，真要出问题，绝对不让您操半点儿心！

当客户问“这款商品好在哪儿”，如何回答

<话术公式：亮出“杀手锏”+细节“圈粉”>

⊗ 销售菜鸟

哪里都好！用过就知道！

✓ 金牌销冠

1. 这面霜简直是雪中送炭，抹完沙漠皮也能立马水润，化妆也会不卡粉！

2. 它“斤斤计较”省电费，两天才用一度电，保鲜室的湿度可控，车厘子放一周还脆甜如初！

3. 这鞋底暗藏乾坤，不仅有蜂窝减震层，透气孔也密得像筛子，穿一整天脚都不闷汗！

4. 书里的解题思路如醍醐灌顶，还配有视频讲解，扫码就能召唤名师直播，等于请了个贴身“智囊团”！

5. 这配方可是真材实料，三文鱼 + 蓝莓，护毛明目，狗狗吃完便便不臭且毛发发亮。

6. 这锅做菜游刃有余，荷叶涂层炒蛋都不粘，清水一冲油渍全掉，厨艺小白也能成为厨房小当家！

7. 花团锦簇说的就是这花束，99 朵玫瑰朵朵饱满，象征长长久久。

8. 镜片自带“火眼金睛”，能过滤蓝光，像给眼睛穿上铠甲。

当客户纠结“两款都很好”时，如何应对

<话术公式：制造“想象”+引导选择>

销售菜鸟

那你更喜欢哪个？

金牌销冠

1. 雾粉色是“淡扫蛾眉”显温柔，正红色是“艳压群芳”撑气场，您今天想当邻家妹妹，还是女王陛下？

2. 幼猫粮像宝宝辅食一样易消化，成猫粮如满汉全席一般营养足，您家毛孩子多大啦？

3. 这台是“铁公鸡”省电王，那台是“田螺姑娘”会清洁，您要精打细算还是解放双手？

4. 粉玫瑰是情比金坚，适合送心上人；向日葵是向阳而生，适合赠挚友，您想把心意种在谁的心田呢？

5. 这本能夯实基础，那本能突破瓶颈，您需要补短板还是攀高峰？

6. 拼图锻练专注力，玩偶培养高情商，您想给孩子补左脑还是右脑？

7. 这双安如磐石，专攻跑步减震；那双动如脱兔，擅长球场急转，您平时是路跑侠还是篮球迷？

8. 基础款是麻雀虽小五脏俱全，限量版是有收藏价值，您的预算是多少？

当客户质疑“价格高但功能少”时，如何应对

<话术公式：亮出“卖点”+收割好感>

⊗ 销售菜鸟

您是不是没有仔细了解？我们的产品功能多着呢！

✓ 金牌销冠

1. 这煮饭锅让您把钱花在刀刃上！它就像给米粒做 SPA，隔夜剩饭都软糯如初。

2. 贵就贵在真材实料！这款面霜能渗透皮肤，干皮抹完都能掐出水。

3. “师傅领进门”也能值回票价呀！私教课单买要 288 元 / 节，办卡免费送 12 节。

4. 功能不在多，解决问题才是真！您看这核心技术，用着省心不踩坑。

5. 价格高？您试试同行的同配置，咱们便宜 30%，还送终身服务呢！

6. 高手出招从不耍花架子！这高端材质，您买的全是“舒心体验”哪！

7. 名师一指，胜过自学三年。上周有个孩子从 60 分直接飙到 90 分，她妈说这钱花得比补课值十倍。

8. 术业有专攻。我们产品聚集的功能比大杂烩靠谱十倍！

当客户问“是否适合老人使用”，如何应对

<话术公式：贴心护航＋吃“定心丸”>

销售菜鸟

您尽管放心，老人使用完全没问题！

金牌销冠

1. “家有一老，如有一宝”，这瓶含钙铁锌硒维生素，每天一粒，补全营养缺口，让老人腿脚都利索。

2. 八大模式“对症下药”，腰椎按摩像老中医推拿，比贴膏药管用十倍！

3. 这件衣服面料柔软亲肤，“慈母手中线”般柔软，腋下透气孔密如蜂巢，老人夏天穿也不闷汗。

4. 按键“大如铜钱”看得清，操作简单，爸妈三天就能上手。

5. 我们的旅行方案标配养生套餐，还有医护人员护航，是夕阳红旅行的首选。

6. 这款坐便器的扶手设计堪称雪中送炭，加热座圈让老人在寒冬腊月也暖臀，老人起夜再也不怕冷了。

7. 这台器材配有安全锁，双保险防意外，心率监测“把脉”运动强度，让老人像有私人医生陪护。

8. 粗粮配方“返璞归真”，糖分比苹果还低，三高老人也能放心吃。

当客户问"是否容易清洁"，如何应对

<话术公式：材质优秀 + 省时省力>

销售菜鸟

好清洁的，买回去试试就知道了。

金牌销冠

1. 咱这材质抗污防渍，用抹布一擦就跟新的似的，清洁省心又省力！

2. 它有防粘涂层加持，油污一冲就掉，省时省力才是王道！

3. 表面光滑如镜，灰尘轻轻一掸就没，买它准没错！

4. 咱这设计没死角，用抹布随便抹两下就干净，清洁烦恼一扫光！

5. 纳米级防水面料，脏了用湿巾擦一擦就行，随时保持体面！

6. 可拆卸、可机洗，清洁就像换衣服一样简单！

7. 防污耐磨材质，日常清洁不费心，用多久都跟新的一样！

8. 结构简单不藏灰，清洁就是这么轻松！

9. 食品级材质，安全又好洗，用着放心，清洁省心！

10. 特殊工艺处理，油渍、水渍一擦即净，清洁再也不用愁啦！

当客户问“是否支持定制”，如何应对

＜话术公式：独家绝活 + 满足需求＞

✕ 销售菜鸟

肯定能啊！您想定制什么样的？说说看！

✓ 金牌销冠

1. “量身定做”说的就是我们蛋糕店！什么造型都能做，蛋糕端出来保准全场尖叫。

2. 没问题，您尽管提要求，“旧貌换新颜”是我们裁缝店的拿手戏！

3. 从纸张厚度到装订方式任君选择，做出来同行看了直眼红！

4. 除了现有的这款，颜色库任您挑，您指哪件我们染哪件，比彩虹颜色还多三分！

5. 我们订制家具有专业师傅上门量尺寸，转角立柱全贴合。

6. 没问题，创意团队“妙笔生花”，结合您的需求设计，广告牌也能成为网红打卡点。

7. 我们的定制礼盒采用激光雕刻工艺，保证让客户收到后舍不得拆包装。

8. 我们有专业的创意团队，代码按需写，您要的功能我们连夜赶出来，售后工程师也是随叫随到。

如何利用客户的好奇心推荐产品

<话术公式：文豪式“安利”+直击痛点>

销售菜鸟

您好，我们店里新到了一批商品，质量特别好，价格也实惠，您要不要看看？

金牌销冠

1. 余香绕梁三日不绝！天然香薰持久留香，让客厅满室春意！

2. 螺蛳壳里做道场！桦木沙发省空间，让小户型立增 $2m^2$ 活动区！

3. 书中自有黄金屋！AR 恐龙书让孩子追着跑，妈妈不用催读书！

4. 知己知彼百战不殆！运动手环 24 小时监测健康，运动即时提醒！

5. 工欲善其事必先利其器！控温咖啡壶＋滤网，小白也能做大师！

6. 良药苦口利于病！德国石磨零添加面粉，麦香浓郁主打田野风！

7. 好记性不如烂笔头！活页手账带时间轴，待办事项清晰不遗忘！

8. 麻雀虽小五脏俱全！防盗背包有 USB 口，安检不用开包直接过！

9. 画龙点睛的空间魔法！琉璃摆件灯光下显七彩，放玄关倍有面！

10. 机不可失时不再来！限时满赠礼盒＋双倍积分，升级还送盲盒！

11. 明眸善睐的养生法！ 42℃蒸汽眼罩，随时给眼睛做 SPA！

12. 自动喂食器可远程操控出粮，出差时毛孩子也能准时吃饭不饿肚！

13. 火山岩纤维加绒内衣，-10℃单穿出门，暖如随身小火炉！

14. 航空铝帐篷能抗八级风、暴雨不漏，收纳后比登山杖还细！

15. 3000 片立体拼图拼成浮雕画，朋友来了抢着合照打卡！

16. 空气炸烤箱二合一，30 分钟搞定三餐，厨房小白秒变大厨！

17. 8mm 防滑瑜伽垫，新手也能稳当发力，在家练出好体态！

18. 恒温杯垫持续暖茶，忙到忘记喝也不会凉，码字时还能暖手！

19. 冷萃栀子车载香薰 + 陨石外壳，等红灯时也能享受香氛 SPA！

20. 带时间轴的活页手账本，待办事项一目了然，告别丢三落四！

21. 手冲壶温控精准冲煮咖啡，水流旋转出坚果香，早咖也讲究！

22. 316 不锈钢保温杯 6 小时锁温，冬日捧在手里，暖到心窝里！

23. 联名款餐具开启精致生活，仿佛置身童话故事中的用餐场景！

24. 红玫瑰还是白玫瑰？不如选我家不会凋谢的“巧克力玫瑰”。

25. 叠衣板上玩魔方！九宫格折叠法让衣柜衣物秒变整齐豆腐块！

26. 蚂蚁搬家也高效！带轮收纳箱可叠放，杂物藏得明明白白！

27. 随身“小空调”！挂脖风扇三档风力，爬山徒步清凉如影随形！

28. 晴雨两生花！五折防晒伞遇水变花色，遮阳挡雨自带风景线！

29. 懒人“田螺姑娘”！扫地机器人划区清扫，地板亮得能照人！

30. 食材“时光机”！真空保鲜机一键锁鲜，果蔬 7 天堪比现摘！

31. 妆面“定海神针”！持妆喷雾喷一喷，带妆蹦迪都不花脸！

32. 发丝营养液！发膜热蒸帽敷 10 分钟，枯草发质秒发丝光！

33. 纸上活地图！可擦写地图墙贴，标记旅行足迹超有仪式感！

34. 开会救心丸！无线领夹麦克风降噪拾音，远程会议保清晰！

35. 桌上动物园！磁性拼图积木拼出立体动物，让孩子边玩边学！

36. 睡前魔法书！投影故事灯投星空绘本，关灯后卧室秒变剧场！

第五章

异议处理，安抚客户的 125 个瞬间

如何高效处理客户异议，快速安抚客户情绪？只要把话“说到点子上”，精准定位异议核心，便能迅速扭转客户态度，以真诚沟通搭建稳固的合作桥梁。

当客户吐槽“你们家的款式太少”，如何应答

场景 1 服装店，客户说：“你们家的款式太少。”

成交瞬间： 突出经典款的优势，用口碑建立信任。

话　　术： 萝卜青菜各有所爱，虽说咱们家款式不多，但件件都是卖了 10 年的爆款，回购率超高，您试试就知道了。

场景 2 家具店，客户吐槽：“你们家的款式太少。”

成交瞬间： 聚焦定制服务，满足个性化需求。

话　　术： 我们主打“少而精”，不过您要是有喜欢的样式，咱们也能按图定制，比流水线款更合您的心意。

场景 3 电子产品店，客户称：“你们家的款式太少。”

成交瞬间： 强调专业细分，用“小而专”说服客户。

话　　术： 俗话说“酒香不怕巷子深”，我们就专注这几款，把性能和售后做到极致，保证您买着省心，比挑花眼强多了。

场景 4 饰品店中，客户说：“你们家的款式太少。”

成交瞬间： 结合流行趋势，预告新品打消顾虑。

话　　术： 我们每周都有新款上架呢！现在流行“小而美”，您先看看这几款当季热卖的，说不定就有您钟爱的。

场景 5 礼品店，客户吐槽：“你们家的款式太少。”

成交瞬间：突出定制价值，弱化款式数量。

话　　术：款式不在多，关键得对味儿！您把需求告诉我，咱们量身设计，比现成的款式更有纪念意义，您说呢？

场景 6 家居软装公司，客户称：“你们家的款式太少。”

成交瞬间：提供搭配方案，用专业弥补选择面。

话　　术：我们的每款产品都是精心搭配好的，省去您混搭的麻烦，就像“好马配好鞍”，省心又出效果。

场景 7 文具用品店，客户说：“你们家的款式太少。”

成交瞬间：聚焦核心功能，用“实用主义”打动客户。

话　　术：咱们这些款看着简单，耐用不说，细节处全是贴心设计，用起来才知道它有多方便。

场景 8 箱包销售店，客户吐槽：“你们家的款式太少。”

成交瞬间：强调经典耐用，用“常青款”说服客户。

话　　术：时尚圈翻篇快，咱们这几款都是“常青树”，背个三五年都不过时，比追潮流款划算多了，您背上试试？

场景 9 灯具店，顾客说：“你们家的款式也太少了。”

成交瞬间：聚焦产品的品质与独特设计。

话　　术：我们家的款式虽少，但您看的这款吊灯采用独特的光影设计，能营造氛围感哟！

当客户问“你们家产品比别家好在哪儿”时，如何回应

场景 1 化妆品店

成交瞬间： 凸显产品成分以及功效方面的独特优势。

话　　术： 普通面霜只能表面保湿，我们这款面霜含三重活性肽，渗透深度是市面其他产品的 3 倍，28 天抚平 47% 细纹，早八党无须化妆也能轻松应对。

场景 2 家电商场

成交瞬间： 强调产品技术以及使用体验上的显著优势。

话　　术： 这可是静音天花板级别的冰箱了，“静若处子”说的就是它！对比传统冰箱 ±3℃的温差波动，我们的 0.1℃精准控温技术能让车厘子保鲜 21 天。

场景 3 健身房里

成交瞬间： 突出服务和设施的独特之处。

话　　术： 普通健身房使用商用器械，我们健身房的器械全是赛事级配置，并且有一对一的私教团队，名师助您增肌效率显著提升 40%。

场景 4 宠物用品店

成交瞬间： 重点强调营养配方的优势。

话　　术： 别家的狗粮用 4% 的动物蛋白，我们用 76% 鲜肉含量和益生菌，毛孩子便便成型速度比普通狗粮快 2 小时，毛发亮度也能提升 30%。

场景 5　旅行社

成交瞬间： 凸显行程安排的独特亮点。

话　　术： 常规旅行社都住连锁酒店，我们旅行社全程安排五星级野奢帐篷和米其林主厨随行，客户复购率是行业平均复购率的 3.2 倍。

场景 6　烘焙店里

成交瞬间： 充分展现原料以及制作工艺的突出优势。

话　　术： 植物奶油蛋糕放 2 小时就塌，我们选用法国铁塔奶油，立体造型可保持 48 小时。

场景 7　培训机构

成交瞬间： 强调师资和教学模式方面的优势。

话　　术： 普通机构是大班教学，而我们是 1 对 1 定制方案。去年的学员平均提 38 分，高出全市均值 21 分，家长都说这钱花得值！

场景 8　眼镜店里

成交瞬间： 凸显镜片的功能优势。

话　　术： 普通防蓝光镜片的阻隔率为 35%，我们的纳米镀膜技术可以达到 97% 防护，像给眼睛穿上铠甲，让您盯屏幕 10 小时都不累！

当客户表示“朋友说你家的产品一般”，如何应答

<话术公式：见招拆招＋实力撑腰>

⊗ 销售菜鸟

朋友说不算数，您得亲自用才知道哇！

✓ 金牌销冠

1. 耳听为虚，眼见为实！您亲自试试，觉得好再买，咱们的口碑都是用出来的！

2. 各花入各眼，跟咱合作过的企业反馈都不错，这是数据报表，您看看。

3. 百人百口，您说说具体需求，咱们按您的想法来，不满意随时改。

4. 众口难调很正常！咱们支持7天无理由退换，您先下单，不喜欢随时退。

5. 效果因人而异！您先试试，咱们用效果说话，您用着满意再下单。

6. 理财就像穿鞋，合脚最重要！您的需求和朋友不同，我给您定制个方案瞧瞧？

7. 口味这事没标准！您尝尝咱这道招牌菜，不好吃算我的，就当交个朋友。

8. 质量好不好，时间见分晓！咱们保修十年，出问题随时找我。

当客户问“你能不能保障效果”，如何应答

<话术公式：十拿九稳 + 亮眼数据>

✗ 销售菜鸟

效果因人而异，您得先试试。

✓ 金牌销冠

1. 您别担心！百炼成钢，我们这已有 218 位会员练出马甲线！您只需按计划打卡，三个月后体脂率至少降 5%！

2. 我们这套院线级产品，上周李女士刚续了全年卡。

3. 绝对可以保障！张老师带的学生刚考进常春藤，这是家长送的锦旗。

4. 我家的减肥贴搭配专属食谱，刘姐用两个月腰围缩了 15cm。

5. 铁案如山！王律师刚帮客户追回 680 万元债务，这是最高法典型案例汇编，您看第 37 页。

6. 数据不骗人！张老板的店铺上个月的爆款冲进类目前十，这是后台截图。

7. 您看，我们为母婴品牌策划的抖音挑战赛，3 天曝光破 2 亿次，这是甲方的感谢信。

8. 我们的施工队有 18 年经验，瓷砖对缝误差小于 1mm，完工效果和效果图 99% 还原。

如何回应“有效期内用不完”的问题

<话术公式：白话解释 + 物超所值>

销售菜鸟

不好意思，这是规定，有效期内用不完也没办法，您只能尽量在期限内使用啦。

金牌销冠

1. 独乐乐不如众乐乐。你可以把未用完的产品分赠亲友，既能增进感情，又能避免浪费。张姐上月转赠的面膜让她的闺密成了我们家铁粉。

2. 未用完的剩余额度可兑积分，1 积分 =1 元，可换购厨房神器，李老板去年用剩余额度兑了一台空气炸锅。

3. 量体裁衣更合身。这款能用智能算法分析用量，下月自动匹配轻享套餐，王女士调档后月省 68 元。

4. 您会越用越上瘾，现在觉得多？以后会发现根本不够。

5. 积微成著见真功，未耗额度能转 20% 无门槛券，有效期延长 3 个月。

6. 护肤品开封后的最佳使用期就是 6 个月，这个时间刚刚好！

7. 剩余额度可以用来抽奖，含万元豪礼，上个月周女士抽中了日韩双人游。

8. 未用额度按 70% 折现，下次消费可以直接抵用，上周陈先生抵了 380 元。

当客户表示“安装太麻烦”，如何应对

<话术公式：诙谐接话 + 专业加码>

⊗ 销售菜鸟

不麻烦，我们派人来安装。

✓ 金牌销冠

1. 术业有专攻！师傅带红外水平仪上门，打孔装架半小时就能搞定。

2. 我们师傅带着电钻包上门，15 分钟就能拧完 32 颗螺丝，您喝着茶，刷个剧，我们就装好了。

3. 我们工程师现场开机测试，走线比教科书还规整，一条龙服务，绝对省心。

4. 有师傅全程辅助安装，配件都用 304 不锈钢，装完试机，漏一滴水全额退款。

5. 这款智能助手无须安装，可以直接用，昨天刘奶奶都玩转全屋智能了。

6. 师傅带水平尺调试跑步机，坡度误差小于 0.5° ，这是装好的实拍视频，您大可放心。

7. 没有金刚钻不揽瓷器活！师傅亲自上门帮您安装，间距精确到毫米。

8. 远水救近火！视频指导 5 分钟连上网，测速跑满 500 兆 / 秒，我昨天在地铁上帮客户远程搞定的。

当客户问“赠品能不能折现”，该如何回答

<话术公式：巧妙共情 + 强调“超值”>

⊗ 销售菜鸟

实在不好意思！赠品不可折现。

✓ 金牌销冠

1. 赠品是咱的心意，折现就太见外啦！这些都是您用得上的好东西。

2. 咱们挑的赠品都是过日子能用的，折现划不来！您留着用，早晚能派上大用场。

3. 礼轻情意重，赠品虽小，但都是挑来的实用货，收着不亏。

4. 折现不如留赠品，这些都是为您挑的实用货，这不等于帮您节约嘛。

5. 买的不如送的精，这些赠品都是为您精心挑的，比钱贴心多啦。

6. 感谢您的支持，赠品是我们的小心意！我们把您平时用的 ×× 换成小样备好了，您拿走直接用。

7. 钱花了就没了，赠品能长久伴您，您说哪个更值当？

8. 礼多人不怪，咱们赠品都是实用好物，收着呗，比折现划算！

当客户问“不满意能否退货”，如何回应

<话术公式：一诺千金 +“安心感”拉满>

⊗ 销售菜鸟

不影响二次销售才可退货。

✓ 金牌销冠

1. 亲，我们支持 7 天无理由退换，商品保持完好如初即可退，运费由我们承担，买卖不成仁义在。

2. 品牌售后有口皆碑！30 天内出现质量问题我们包退。这是质检报告，白纸黑字写得明明白白。

3. 正品保障，假一赔十，15 天内不满意随时退，上个月李女士退了半瓶精华，我们都照单全收。

4. 真金不怕火炼！我们家的材质眼见为实，7 天内退货专车上门取件，决不耽误您的工夫。

5. 出现质量问题 15 天内包退，这是国家三包认证文件，请您放心。

6. 您不喜欢，我们来兜底！退货专员 24 小时在线，退货运费由我们承担。

7. 塑封未拆 7 天包退，带小票到店，秒退现金。

8. 舌尖上的安全最重要！发现胀包变质，凭小票退全款，这是食品安全检测证书。

当客户吐槽“你们太不专业”时，如何解释

<话术公式：“立正挨打”+虚心求进>

⊗ 销售菜鸟

真不好意思！我们会努力改进的。

✓ 金牌销冠

1. 您批评得对！我们确实还有进步空间，一定加倍努力，请您监督我们！

2. 实在不好意思！我们在这个领域工作的时间较短，这份礼物给您“赔罪”，我们肯定越做越好！

3. 我们还在成长，您的意见会让我们更专业！

4. 我们经验少，请您多指点，我们一定会快速成长，变得更专业！

5. 还望您多多包涵！我们正在攒经验值。这次是哪里出了问题？我们马上给您解决！

6. 知不足而奋进，您这话敲醒我们了，今晚就加班补课追上专业线！

7. 实在不好意思！我们一定会加强业务人员的培训，多练多学，肯定越来越靠谱！

8. 您的意见对我们很重要！我们当场改、马上学，决不含糊！

当客户质疑“客服态度差”，如何应对

< 话术公式：“走心”道歉 + 暖心安抚 >

⊗ 销售菜鸟

您消消气！我们这就去批评态度差的客服。

✓ 金牌销冠

1. 对不起呀，让您等这么久！刚才咨询的人实在太多，所以回复不及时。我这就帮您处理问题。

2. 万分抱歉，是我的服务没做到位。您先消消气，慢慢说，我会认真倾听，一定帮您把问题解决好。

3. 抱歉，让您有了不愉快的体验，我一定会更加留意沟通方式。您反馈的问题是 [简要复述问题]，接下来我会为您进行详细解答。

4. 这确实是我们工作的失误，我们一定会加强对客服人员的培训。现在店长亲自接待处理，服务问题补偿 200 积分。这是改进措施的公告。

5. 真的非常抱歉！您的问题已加急处理，会在 1 小时内一定解决。

6. 不好意思，之前没理解对您的意思，现在需求清单已建档，请您指点。

7. 万分抱歉，我们一定会严肃处理此事。现在由教练主管重新辅导，赠送您 3 节私教课补偿，这是新制订的训练计划。

8. 实在不好意思，这是为您定制的新方案，我们会全程跟进。

当客户说“听说别人买了都后悔”，如何化解

<话术公式：引导体验＋“兜底”承诺>

⊗ 销售菜鸟

没有人这样说过呀，您尽管放心！

✓ 金牌销冠

1. 耳听为虚，眼见为实，您亲自试试，合不合适，自己心里就有数啦！

2. 萝卜白菜各有所爱，别人后悔的，说不定正是您觉得值的，试试不亏！

3. 大家需求不一样，咱支持7天无理由退货，请放心体验！

4. 百闻不如一见，别人说得再多，不如您自己感受一回。

5. 路遥知马力，用过才知道，您试几天，要是不好我帮您协调到底！

6. 鞋子合不合脚只有自己知道，您自己用着舒服最重要！

7. 口说无凭，体验为真，您拿回去用，不满意随时找我，包您没顾虑！

8. 后悔不后悔，试过才明白，您放心，咱这品质和服务经得起考验！

9. 别人意见只能作参考，您试试，不合适随时说！

10. 要知深浅得亲自下水，您试试，不好用您找我！

当客户质疑“广告夸大效果”，如何应答

<话术公式：亮出“案例”+实话实说>

⊗ 销售菜鸟

没有夸大呀，广告也是实话实说！

✓ 金牌销冠

1. 欲速则不达！用满 28 天代谢周期才能见效，李女士用了三瓶就淡斑 70%，这是医院的皮肤检测报告。

2. 对症下药是王道！刘哥按方案执行 90 天减了 48 斤，私教课录像和体测数据都在这里。

3. 我们家采用中医馆同款低频脉冲技术，这是颈椎病患者的复查 X 光片对比。改变看得见！

4. 给您看案例，这是王小姐的皮肤水分检测数据。效果不骗人！

5. 考验见真章！去年 63% 学员考入重点学校，这是张同学从班级 35 名逆袭至第 3 名的试卷。

6. 我家产品经 CMA 认证，检测甲醛去除率可达 99.2%，真凭实据在眼前！

7. 我家狗粮含 Ω-3 脂肪酸 + 生物素，这是金毛吃三个月后的毛发显微镜对比，效果更明显哟！

8. 事半功倍有诀窍！配合饮食打卡群使用，会员平均月减 8 斤，这是社群里的掉秤接龙。

当客户吐槽“包装太简陋”，如何化解

<话术公式：妙语连珠＋转移焦点>

⊗ 销售菜鸟

抱歉没让您满意，我们一定改进包装。

✓ 金牌销冠

1. 亲，包装简陋点儿没事，就像老话说“包子有肉不在褶”，东西好用才是真格的！

2. 虽然这包装简单，其实我们把钱都花在刀刃上了，咱讲究的是“里子”实在，不是“面子”花哨！

3. 咱这产品靠的是本事，您用着好才是给咱最好的“包装”啊！

4. 包装朴素是为了省成本，您拿到手的价格实惠才是硬道理！

5. 您别看它不起眼儿，用起来保准让您觉得实实在在的好！

6. 现在都提倡环保，简单包装能少点儿浪费，咱这也是一举两得，您说是不是？

7. 老辈人常说“过日子要实在”，咱这包装不花哨，但东西经用，您用着省心比啥都强！

8. 我们特意在品质上多下功夫，保证您用了觉得物超所值！

当客户质疑“‘科技与狠活’过多”，如何化解

<话术公式：体现鲜味 +“透视”工艺>

⊗ 销售菜鸟

抱歉这款产品没能让您满意。

✓ 金牌销冠

1. 大道至简显本真！配料表仅有水 + 橙肉，还配有 SGS 检测零防腐剂检测报告，这是果园现摘的监控录像。

2. 我们的食材每天都是新鲜采购的，后厨操作全天直播，用鲁花 5S 压榨花生油，盐分比国标还低 20%，这是检测报告！

3. 祖传秘方显神韵，我家卤味用的 32 味中药卤包已传承三代，坚持每周送检亚硝酸盐，检测结果均为零检出，街坊食用二十年如一日，品质安全可靠！

4. 良食不苦口！面粉用加拿大红春麦，用酵母天然发酵 48 小时，糖尿病人群的回购率达 65%，您尽管放心！

5. 老吾老以及人之老！这款辅食零添加，生产线可达婴儿食品 GMP 标准，这是海关检疫单。

6. 亲，我们家的零食都有专业的检测报告，真凭实据安人心！每批次都附有第三方检测报告，开封后有问题顺丰到付免费退，这是质检流程！

7. 好料不玩“虚”的，我们家的食材绝对新鲜，菜叶子都是带泥送来的，质检报告比肉皮还要厚！

8. 做奶茶如交友，纯纯的才长久！牛奶现熬 + 茶叶现煮，您看这操作台，比老板的书桌还清爽！

9. 我们家做奶茶从来不玩“套路”！红茶现泡、牛奶现兑，您坐这儿看，和追剧一样清楚明白！

10. 做饮料跟处对象似的，得讲究真材实料！咱家这款果汁鲜榨完直接灌瓶，就连冰块都是用过滤水冻的！

11. 给宝宝的零食就要吃得安心。我们家果冻用的是真果汁，连原料产地都印在包装膜上呢！

12. 植脂末？不存在的！您看这奶缸里的鲜奶，保质期就 3 天哟！

13. 我们家的纯手工芒果干，配料只有芒果 + 阳光，连白砂糖都没多撒，咬开还能看见果肉纤维呢！

14. 菜要鲜，人要实在！您看这后厨直播，菜叶子能掐得出水，调料就三种，盐、油、蒜！

15. 好货不怕看！咱们这肉现切现炒，您都听得见锅铲声，没有弯弯绕绕！

16. 真材实料胜千言！面团手工揉，发酵箱温度标墙上，比自家厨房还敞亮！

17. 您看这汤，用骨头和水慢炖，浮沫都撇得干干净净，让您喝着放心！

18. 我们自己孩子也吃这款产品，所以安全性一定是首要考虑的。

第六章

应对砍价高手的 127 个瞬间

遇到“砍价高手”时，别再害怕！冷静应对，精准洞察客户的砍价动机，便能轻松化解价格僵局，以灵活协商铸就双赢的交易成果。

当客户问"员工价是多少"，如何应对

场景1 汽车4S店，客户突然问："员工价是多少？"

成交瞬间：通过介绍产品价值，巧妙地转移话题。

话　　术：此车不仅是高配，还直降3万元，更享3年免息，与员工价相差无几，早提爱车早享征途，岂不比空谈价格更实在？

场景2 房产销售处，客户问道："能给个员工价吗？"

成交瞬间：向客户介绍房源优势和稀缺性。

话　　术：此房地段绝佳，且售价已是抄底价，较内部价更省装修款，且为现房即住，错过再无如此稀缺席位，您还需犹豫吗？

场景3 家电卖场，客户问："员工价是多少？"

成交瞬间：向客户详细介绍优惠活动，淡化员工价概念。

话　　术：正值周年庆，满万减千，再赠5年延保，算下来比员工价更划算，家电大件买的就是安心，您说呢？

场景4 服装卖场，客户看中一件衣服后问："这衣服有员工价吗？"

成交瞬间：利用会员优惠来吸引客户。

话　　术：我们的会员折扣特别给力，比员工价更划算。衣装讲究常新，加入会员，让您每次选购都有专属优待。

场景 5 健身房，客户咨询办卡时间：“有员工价吗？”

成交瞬间：向客户推荐办卡的增值服务。

话　　术：内部价格不便多言，但此刻办卡即赠 2 节私教定制课，再享体测评估，专业服务加身，可比单纯低价更能助您达成健身目标！

场景 6 数码产品销售，客户看笔记本电脑时问：“员工价是多少？”

成交瞬间：向客户强调产品的售后保障。

话　　术：此电脑搭载最新芯片，且全国联保 2 年，现直降 800 元，加赠原装鼠标，性价比已超内部渠道。数码产品买新不买旧，早入手早享高效办公！

场景 7 美容美发店前台，客户问：“护理套餐有员工价吗？”

成交瞬间：向客户推荐高性价比的套餐。

话　　术：这款“焕颜套餐”含 SPA 与造型设计，限时 7 折礼遇，较内部价再省百元，让您从头焕新，这般美遇岂容错过？

场景 8 餐厅，客户结账时问：“你们有员工价吗？”

成交瞬间：向客户推出特色优惠菜品，转移注意力。

话　　术：内部价格不便公开，但今日主厨特推“时令鲜馔”特价菜，价格超级实惠，味道也相当不错，您要不要尝尝鲜？

当客户表示“商场有活动，你们也应该打折”，如何应对

场景 1 化妆品销售

成交瞬间： 向客户介绍产品价值和特色服务。

话　　术： 亲，这款产品采用的都是高品质原料哟，只要您购买，我们还会赠送专业的护肤指导呢，比折扣更划算哟！

场景 2 家电销售

成交瞬间： 详细介绍优惠活动，淡化员工价概念。

话　　术： 此洗衣机的核心部件保修 10 年。别家打折拼短期，我们拼的是长久安心——电机不坏，省心十年，这才是给您的实在保障，对吗？

场景 3 运动品牌销售

成交瞬间： 结合当下的潮流热点，介绍产品的独特设计。

话　　术： 这双鞋可是联名款式限量版呢，潮流易逝，匠心难寻，这般兼具设计感与收藏价值的单品，岂是打折商品可比？

场景 4 珠宝销售

成交瞬间： 为产品赋予情感价值，从而增强其吸引力。

话　　术： 这条项链是可传世的足金材质，佩戴身上，是时光的信物，

更是心意的永恒，这般深情厚意，岂能用折扣衡量？

场景 5 书店店员

成交瞬间： 用会员权益来代替单纯的折扣，增强客户黏性。

话　　术： 成为会员可享购书 9 折优惠，还能用积分兑换文创好物，更能优先预留签售席位。与名家面对面，共赴书香之约，这般精神礼遇，岂不比几元折扣更有意义？

场景 6 花店店员

成交瞬间： 强调鲜花的品质和新鲜程度。

话　　术： 打折花多蔫败，我们只做枝头新鲜客。赠人玫瑰，手有余香，品质上乘才是对心意的尊重，您说呢？

场景 7 眼镜店店员

成交瞬间： 向顾客介绍专业验光服务的价值。

话　　术： 验光师持证 15 年，外加 21 项精准检测，确保度数分毫不差。眼镜是心灵之窗的守护，专业验光护目一生，这价值岂止是几折能比？

场景 8 烘焙店店员

成交瞬间： 用赠品来替代折扣，推动顾客购买。

话　　术： 手工蛋糕不议价，用料如居家般实在。购 8 寸蛋糕即赠曲奇礼盒，分量十足如满月丰盈——加量不加价，甜蜜成双至，这般诚意可比单纯打折更暖心吧？

当客户吐槽“你们家东西卖得比别家贵”，如何应答

<话术公式：反向“甩锅”+换位思考>

销售菜鸟

别家是别家，我们质量更好！

金牌销冠

1. 您看中价格，我们看中品质。咱俩目标一致，只是角度不同嘛！

2. 贵是贵了点儿，但用着省心哪！便宜的东西买时开心，用时闹心。

3. 光比价格，那确实有更便宜的。要比品质，我们真没怕过谁！

4. 买东西就像找对象，光看彩礼不行，还得看人品哪！

5. 我们也想卖便宜点儿，可成本摆在那儿，总不能亏本赚吆喝吧？

6. 骗子才会开低价，因为坑人没底线哪！

7. 您想买的是便宜货，还是值得信赖的好货？

8. 我们贵是因为我们用心，您愿意为品质买单吗？

9. 砍价是您的权利，但品质是我们的底线。

10. 我们的东西买的时候心疼，用的时候舒心！

11. 我们贵，因为我们会为您提供超出期待的服务。

12. 那些奢侈品为啥那么贵？因为好东西大家都认哪！

13. 我们也想降价，可老板不让。要不我帮您问问赠品？

14. 您要是觉得贵也没关系，但千万别因为便宜买了后悔的东西呀！

15. 价格高一点儿不是坑您，而是不想让您买到次品之后骂我们！

16. 别人家便宜可能是因为偷工减料，但我们不敢，良心过不去！

17. 贵有贵的道理，就像好咖啡不拼量，咱拼的是回头率。

18. 给您算笔长期账，便宜货三天两头换，咱这能陪您“打持久战”！

19. 挑商品看脸更要看内涵，我们的这细节连处女座都夸！

当客户说“老客户有没有优惠”，如何应对

<情谊深长 + 黏住客户>

⊗ 销售菜鸟

我要去问问领导，请稍等！

✓ 金牌销冠

1. “相知愈深，回馈愈厚”，您是我们的贵宾，自然不会亏待您！如今推出老友专享折上折活动，还请您笑纳这份心意。

2. 您一直这么支持我们，此次特为您备下“老友特惠”，并且额外赠送您两个月的会员时长！

3. 承蒙您的多年青睐，我们倍感荣幸。今奉上门店专属“感恩券”，无门槛即用！

4. 您每次来都像回家，优惠就是给家人的心意，请笑纳！

5. 老客户的支持是我们的底气，优惠必须到位，再给您多份保障！

6. 这次消费打折，以后更有“老友专属福利”，还请您常来指教！

7. 您的认可重于千金。此次合作，特为您减免 1000 元，聊表诚意。

8. 咱们是老交情啦，不仅有优惠，质量也得给您保住，咱这口碑全靠您撑着呢！

9. 老客户就是我们的活招牌，优惠肯定是有的，咱先看看您这次需要添点儿啥！

10. 我们不能忘了老客户，您每次来都和走亲戚一样，优惠必须安排，先聊聊怎样让您更划算。

11. 老客户的支持我记在心里呢，优惠自然少不了，您这次多带点儿，我给您打个折上折，把福利拉满。

12. 咱俩老朋友啦，有事您言语，优惠肯定有，得让您觉得跟我合作值当。

13. 老客户就是我们的衣食父母，优惠必须安排，您这次多来点儿，我给您多攒点儿福利。

14. 老相识来啦！咱这交情摆在这儿呢，优惠肯定有，您就说这次想带点儿啥走？

15. 买卖靠走动，感情靠互动！老主顾来啦，优惠早给您留着呢，边聊边给您算算！

16. 姜是老的辣，客是老的亲！优惠必须安排，您这次多带点儿，还给您送“VIP 客户大礼包”哟！

当客户表示“不打折就不买”，如何化解

<话术公式：隐藏彩蛋 + 优雅转化>

⊗ 销售菜鸟

实在不好意思，我们不能打折。

✓ 金牌销冠

1. 十年树木百年计！压缩机 10 年包换 + 免费清洗，核算年均成本比竞品低 57%，这可比单纯的打折划算多啦，您就放心下单吧！

2. 亲，目前确实不打折哦，不过只要您下单，我们就送 5 片同款面膜和新品的试用装，这就跟打折差不多啦！

3. 我们装修完质保十年，品质绝对有保障，非常值得入手！

4. 我们的课去年帮学生节省 200+ 小时，比打折划算！

5. 放长线钓大鱼。充卡送 3 次头皮护理 + 优先预约权，您续费三次就省了 680 元！

6. 实在抱歉，没办法给您打折，但我们会加赠古风写真 3 组 + 鎏金相框，张太太的婚纱照被选为门店样片！

7. 这款车确实没办法打折，不过我们会赠 5 次保养，能帮您省 3200 元呢！

当客户担忧产品质量不好，如何回应

<话术公式：“直球”安抚 + 品质承诺>

⊗ 销售菜鸟

用过我们产品的客户都说好，您别担心。

✓ 金牌销冠

1. 这款冰箱的压缩机十年包换，日均耗电 0.58 度，这是能效检测报告。
2. 日久见人心！铸铁锅传承三代、可用百年，开裂变形免费换新，已售 21800 口。
3. 我们的产品质量远超国家标准，还附送十年质保！
4. 如果因产品质量引发安全问题，我们全额退款，这是质量检测报告。
5. 眼见为实、保心安！我们换的屏幕可都是原装品质的，7 天内有质量问题免费换，绝对耐用。
6. 面料缩水率 <1%，线头超 3 根就白送，这是质检视频，您就瞧好儿吧！
7. 这款产品是十年磨一剑磨出来的黄金品质，要是坏了，您找我！
8. 大叔，这种子已经经过了多年、多地的试种，这是老王家玉米地的实拍，质量看得见！
9. 说实话呀，要是这产品质量不好，我也不敢给您推荐！

10. 您的顾虑没错，但我们家的产品在出厂前都得“过五关斩六将”，质量经过了“千锤百炼”。

11. 我明白您的担心，毕竟咱老百姓买东西就图个踏实，这产品不好用您随时找我。

12. 要是质量差，我们在这行早混不下去啦，我们家的回头客多到能绕地球三圈，质量绝对有保障！

13. 我懂您的心思！老用户都说这产品像“铁打的公鸡”，既耐用又“抗造”！

14. 我完全理解您的顾虑！这款产品采用军工级材料制造，经过 200 小时耐久测试才上市销售。

15. 真金白银不掺假，这款产品已经连续三年获得销量冠军了，质量稳当得很。

16. 和您说实话，咱做的就是回头客生意，质量差等于砸自己招牌，咱不能干那傻事。

当客户说“多送点儿赠品呗”，如何应对

<话术公式：打折优惠 + 价值翻倍>

销售菜鸟

抱歉，实在没法再送啦！

金牌销冠

1. 我们送的这款高清机顶盒特别实用！有了它，您就能尽情畅享海量高清节目啦，性价比简直高到飞起，真的没办法再多送了。

2. 我们不仅送婴儿洗衣液，还给您打 9 折呢，优惠力度已经相当大了，赠品实在没办法再增加了。

3. 亲，我们赠送的这款小样可都是和您所购买的产品相配套的哟，实在没办法再多送了。

4. 我们的赠品数量有限，所以实在没办法再多送了。

5. 我们可以送您两次免费保养，能为您省下不少钱呢。赠品真的没办法再多送了，但保养可比赠品实用多了。

6. 如果您办理我们的会员卡，马上就送您一次免费的头皮护理，而且后续消费还能享受会员专属的折扣优惠，比单纯的赠品划算多了。

7. 送您的小摆件是店里专门定制的，数量有限，没办法再多送了。

8. 赠品库存有限呢，但我可以给您申请特别折扣！

当客户问“能抹零头吗”，如何应对

<话术公式：婉拒“抹零”+反赠惊喜>

⊗ 销售菜鸟

从来没听过“抹零头”的要求，您别为难我啦！

✓ 金牌销冠

1. 十分抱歉，小店本小利薄，零头实难轻去。不过可赠您一只定制布袋，环保实用，聊表心意。

2. 零头虽难抹去，却为您备下长久优惠 —— 下次到店即享九折优惠，老客相知，贵在长情啊！

3. 实在不好意思，小店明码标价，零头不便擅改。但您消费达标，可以升级会员，此后入住皆享折上优惠，尊客之礼，永不停歇。

4. 抱歉，没法抹零。但我们为您备了会员专享礼遇——今日办卡，这次的零头就可以直接抵用，以后消费还能积分、打折哟！

5. 确实没办法抹掉零头，不过我们可以送您一套开关面板，实用性超强的。

6. 老板不让随意改价，但为了感谢您的信任，特赠一次手部 SPA 体验，和这次的项目搭配起来恰到好处。

7. 洗车利薄，价格实难轻让。但是下次来店即享折上优惠，您看如何？

8. 小店薄利，零头难舍。但为博您一笑，特备几款精致饰品相赠！

当客户问“团购价是多少”，如何应对

＜话术公式：“心贴心”方案＋“薅羊毛”福利＞

⊗ 销售菜鸟

团购价很实惠，带朋友来不亏！

✓ 金牌销冠

1. 贵公司的年会高朋满座，我们自当全力相承。预订 30 桌以上，每桌立减 200 元，更赠音响设备免租礼遇，必能让盛会声色俱佳，宾主尽欢。

2. 独练不如众练，3 人成团即可同享八折优惠，再赠月余私教指导——好友相伴，互相勉励，健身之路必能事半功倍。

3. 2 人及以上团购烫发即可享受 100 元的优惠，还能体验一次免费头发护理，实在太划算了。

4. 团购满 50 份点心即享六折特惠，我们还会提供免费配送服务，让您轻轻松松享受下午茶。

5. 闺密同行，美丽加倍，两人团购任一项目，每人立减 150 元哟！

6. 5 人成团办卡，即享六折优惠，且该优惠在一年内都有效，特别适合你们一同到店呢！

7. 同窗相聚，欢歌达旦，团购包厢即享五折优惠，再赠果盘、酒水——让歌声与笑语相伴，共叙“少年乐相知”的美好时光！

当客户要求在线报价，如何回应

<话术公式：爽快报价 + 优惠“逼单”>

⊗ 销售菜鸟

我们的产品价格是 [X] 元，您看看还有什么问题吗？

✓ 金牌销冠

1. 即刻为您安排线上报价，若采购量可观，可享阶梯折扣哦！

2. 线上报价稍后即至。产品分三档配置，功能各有侧重，请问您更看重哪方面的性能？我将为您精准匹配高性价比之选。

3. 报价单即将备好。近期促销分早鸟、限时两档，下单时机不同，优惠有别 —— 您计划何时落定呢？

4. 此款工艺精湛，除基础报价外，另赠三年维保，物超所值！

5. 马上为您核算价格。老友专享 9 折优惠，若您有历史订单，输入会员号即可解锁——您此前可曾在小店消费过？

6. 这就为您生成报价。配送分普快、加急，费用略有差异，请问您希望几日内送达？我将为您平衡时效与成本。

7. 报价已备妥。单购简洁，组合购立省 20%，如搭配周边，更享“买三赠一”，您是否考虑成套入手？

8. 即刻为您报价。个人购享零售特惠，企业购满 50 件返点 5%，请问您是自用还是集采？为您匹配最优方案。

9. 新版本报价新鲜出炉。升级后功能倍增，价格仅微调，相较旧款更具“性价比”，是否为您演示新亮点？

10. 报价单按地区精准核算。不同区域的运费、税点有别，请问您在哪座城市？我将为您算出“到手价”。

11. 马上为您报价。会员可享折上折，是否为您开通会员通道？

12. 马上能为您报价。我们与多家银行合作，指定卡满千减百，可帮您申请叠加优惠。

13. 报价已就绪，留意到您多次复购，我们准备了长期合作价哟！

14. 我们为您准备了定制化报价。LOGO 印制、功能微调等按需计价，请问您是否有专属定制需求？

15. 预购通道已开启。付 100 元定金抵 500 元，早订早享“早鸟价”——是否为您锁定优惠名额？

16. 新客首单优惠已上线。首次下单立减 100 元，还赠试用装，请问您是初次选购我们的产品吗？

17. 报价单含近期调价说明。原材料价格略有上浮，当前价保一周，之后或有微调——建议您早做决断。

18. 报价可抵扣旧物价值。以旧换新最高抵 800 元，请问您有同类旧设备吗？帮您折算“换新成本”。

19. 团购价更优惠。您身边有亲友同购吗？ 3 人成团享 8 折优惠。

20. 报价含全链路费用。除产品款外，安装、延保等明细单列，清晰透明。是否为您逐项解析？

21. 这就给您报价，现在下单不仅有折扣，还送配套手册，机不可失哟！

22. 立刻为您算报价，老客户复购额外享95折优惠，您这单啥时候定呢？

23. 马上来具体报价，今天下单限时减50，省到就是赚到哇！

24. 这就给您做报价，买2本送1本超划算，您要不要多带几本？

25. 即刻帮您核报价，新客首单立减80元，机会难得别错过！

26. 马上给您报价，团购3套及以上可打8折，您这边几人拼呢？

27. 这就为您算报价，现在买书加赠书签套装，早买早享受啦！

28. 立刻报详细价，会员能享折上折，帮您开通通道吗？

29. 马上给您做报价，48小时内下单再降价10%，抓紧下单哟！

30. 这就为您核总价，买得多省得多，多拿几套更划算！

第七章

促使成交的 130 个瞬间

你是否也想体会订单不断成交的喜悦？只要巧妙运用策略并掌握说话的艺术，就能打动客户的心，凭借专业服务实现业绩的攀升。

如何“以退为进”，温柔地促成客户下单

场景 1　家电卖场，顾客认为冰箱价格偏贵

成交瞬间： 主动让步给予优惠，同时强调产品价值。

话　　术： 今天恰好有活动，可以给您打个 9 折。它的“0 度保鲜技术”特别出色，能帮您大大减少食物的浪费，从长远来看相当划算。

场景 2　办理健身房会员卡时，顾客担忧没时间锻炼

成交瞬间： 减轻顾客的心理负担，提供灵活的方案。

话　　术： 要是您担心没时间的话，我们可以先办一张月卡体验一下。要是觉得合适，您再办长期卡，这样您也没什么压力，随时都能来健身。

场景 3　在美容店做项目之前，顾客害怕效果不佳

成交瞬间： 给出保障承诺，消除顾客的顾虑。

话　　术： 您别担心，我们先给您做个局部测试。要是做完后您对效果不满意，这次项目就免费，肯定让您满意了再接着做。

场景 4　在装修公司洽谈时，顾客觉得设计方案过于复杂

成交瞬间： 尊重顾客的意见，提出简化的方案。

话　　术： 要是您觉得方案复杂，我们可以把设计简化一些，保留核心亮点，整体效果一样美观。

场景 5　在理发店做造型时，顾客担心造型不适合自己

成交瞬间： 先进行小范围尝试，再决定是否继续操作。

话　　术： 要不我们先稍微修剪一小部分，瞧瞧效果咋样。要是您满意，我们就按照这个风格深入打造；要是您不满意，也不会有太大影响。

场景 6　在定制蛋糕店，顾客认为设计太过复杂，费用太高

成交瞬间： 给出简化方案，保证能满足顾客的核心需求。

话　　术： 我们可以简化一下装饰，把您喜欢的元素保留下来，这样费用会降低不少，效果也挺不错的。

场景 7　电商平台卖衣服，顾客在尺码问题上犹豫不决

成交瞬间： 提供退换货保障，鼓励顾客下单购买。

话　　术： 您就先按照平时穿的尺码下单，要是尺码不合适，我们负责退换，连运费都不用您出，您就放心下单吧！

场景 8　预订家政服务时，顾客担忧服务质量

成交瞬间： 展示保障服务质量的相关措施。

话　　术： 要是在服务过程中您有不满意的地方，我们会立刻重新安排服务，一定让您满意。您就放心吧！

当客户询问退换流程时，这样回答让客户放心购买

场景 1 服装网店客服

成交瞬间： 阐述具体流程，让客户放心地下单。

话　　术： 亲，收到货 7 天内，只要不影响二次销售，您可以直接在订单里申请退换。

场景 2 超市店员

成交瞬间： 告诉客户简单又便捷的退换办法，消除他们的顾虑。

话　　术： 您只需拿着购物小票到服务台就可以啦,要是食品存在质量问题，我们立马给您办理退换服务，绝对不耽搁您的时间。

场景 3 电子产品客服

成交瞬间： 明确告知售后措施，坚定客户的购买意愿。

话　　术： 如果产品在 15 天内有质量问题，您联系客服进行登记，我们会安排上门取件，立刻给您换新或者退款。

场景 4 家具城销售

成交瞬间： 提供切实可行的解决方案，促成客户购买。

话　　术： 当然可以啦！您要是发现尺寸不对，联系我们，我们会安排师傅上门查看，确认后免费为您更换合适的家具。

场景 5 花店店员

成交瞬间：保障客户权益，有效提升客户的下单意愿。

话　　术：要是您在收货 2 小时内发现花不新鲜，只需拍照发给客服，我们在核实之后会按比例退款，或者为您重新配送。

场景 6 美妆店店员

成交瞬间：及时安抚客户情绪，彻底打消客户顾虑。

话　　术：过敏当然能退！您只要保留好产品和购买凭证，随时来店里，我们会为您办理退款。

场景 7 酒店前台

成交瞬间：依据酒店政策，说明退订规则。

话　　术：如果您在入住前 24 小时内取消订单，我们会全额退款；要是在这之后取消，会扣除少量手续费。

场景 8 服装定制店客服

成交瞬间：向顾客详细说明规则，有效避免纠纷。

话　　术：定制商品比较特殊，我们会在制作前和您确认细节。要是按照约定制作出来您却不满意，可能无法退换；但如果商品有质量问题，我们一定会负责到底。

场景 9 运动用品店导购

成交瞬间：解答客户对鞋码不合适的担忧。

话　　术：担心鞋子不合脚？只要吊牌在就可以随时换，穿得舒服比啥都强！

当客户询问设计理念时，如何回答

＜话术公式：简单实在 +“亲近感”种草＞

⊗ 销售菜鸟

设计理念哪，就是好看又好用呗！

✓ 金牌销冠

1. 我们的理念就像老辈人做家具，结实耐用还耐看，您放心！

2. 我们的设计得先把您的需求吃透，再搭框架、添细节！

3. 跟您说实话：那些花里胡哨的设计新鲜三天就腻了，我们只追求经典。

4. 我们设计师的理念是“宁可多花成本，也不能让客户将就”。

5. 我们的产品主打不动脑子就能用明白，但细节处处显档次！

6. 我们的设计不是花架子，是让您每次用都觉得“真方便”！

7. 您想，家里摆个东西，要是天天看不顺眼，那得多闹心？所以我们特别在意“耐看”。

8. 我们的设计紧跟潮流，正适合作为“时尚达人”的您。

9. 您看手机时是不是总嫌它反光？我们的设计专门解决了这个问题！

10. 再贵的牌子不如合身——我们的理念就是给您“量身定制”。

当客户表扬“产品看起来不错”时，如何抓住机会成交

<话术公式：乘势出击＋煽风点火>

⊗ 销售菜鸟

您喜欢就好，谢谢！

✓ 金牌销冠

1. 您的眼光真好，这冰箱可不只是外观好看哦！它的保鲜效果也相当出色。

2. 太感谢您的认可啦！我们有专业的私教团队，可以根据您的需求来定制课程计划，只要办卡就能享受服务啦。

3. 您真有眼光！把它摆在家里立马就能让房间的格调提升好几个档次。

4. 感谢认可！选择我们，就能为您打造出比样板间还漂亮的温馨家园。

5. 非常感谢您的认可！我们还有深层护理项目，能让您的肌肤状态更上一个台阶，要不要尝试一下呢？

6. 它可不只是造型好看，口感更是细腻无比，而且用的全是新鲜的原料，既健康又美味，来一个尝尝吧！

7. 可不嘛，好东西会“说话”！您看这材质、这工艺，用过的都说值。

8. 这款手表品质确实不赖！它还具备健康监测和运动记录的强大功能，现在购买，绝对物超所值！

9. 您能喜欢就太好了！我们可以依据您的身材特点和个人喜好进行精细调整，为您量身打造最合身的衣服。现在就下单吧！

10. 您这眼光跟自带放大镜似的！这产品卖得快，现在入手正赶上最后优惠期！

11. 英雄所见略同！好多老客户都说用过我们的产品就再也看不上别的品牌了，您试试准保不后悔！

12. 感谢您夸咱家的“门面担当”！这品质经得起考验，直接带走吧！

13. 您这句话说到我的心坎儿里了！咱家就靠这口碑吃饭，现在下单额外送您实用配件。

14. 行家一开口，就知有没有！产品细节藏着巧心思，长期用起来才知道它有多顺手。

15. 上周刚补货，因为太受欢迎，又快卖空了，要不先给您留一套？

16. 您这眼光太“毒”了！这可是我们打磨半年的“心头好”，今天买保准划算！

17. 您这评价比送我锦旗还高兴！隔壁大哥刚提走一台，您要不也试试？

18. 为了感谢您的认可，我这就悄悄给您打个折，能省出一顿火锅钱呢！要不要现在带走？

当客户询问“购买套餐有没有福利”，如何应对

<话术公式：一箭双雕＋打“组合拳”>

⊗ 销售菜鸟

有福利的，您快下单吧！

✓ 金牌销冠

1. 购买我们的套餐，我们会免费帮您布置会场，会议当天酒水免费畅饮。

2. 您要是购买这个护肤套餐，我们会免费为您做一次皮肤检测，还会额外赠送您两次手部护理项目哟。

3. 您办理这个烫染套餐，不仅下次来剪发能打八折，还会送您一瓶专用的护发精油。

4. 只要购买季度套餐，就赠送免费的特色课程哦！

5. 要是您购买全年洗车套餐，除了常规服务，每次洗车还额外赠送车内吸尘和玻璃水补充，另外再送两次深度清洁服务哟！

6. 要是您购买半年游泳套餐，就能免费拿到游泳帽和泳镜，而且在预约场地时还能优先入场呢！

7. 要是您购买包月套餐，我们每天都会赠送您一块小蛋糕，您还不心动吗？

8. 您买购书套餐，就送您定制书签和笔记本，下次来买书还能打九折呢！

当客户表示“我要和 ×× 商量再说”，如何接话

<话术公式：痛快答应 + 借机“安利”>

销售菜鸟

好吧，我等您的消息。

金牌销冠

1. 没问题！我给您发一份详细的资料，这样您和家人商量起来更方便。

2. 我们的课程不仅能提升孩子的成绩，还设置了知识拓展专题。您和孩子爸爸说说，相信他也盼着孩子变得更优秀。

3. 当然可以！我给您发实景案例，您和家人商量的时候也能有个参考。

4. 没问题！这款商品正在进行限时折扣活动，明天可就恢复原价了。您和朋友赶紧商量商量，可别错过这波优惠哟！

5. 行啊！当下有两人同行一人半价的优惠活动哟。等您和闺密商量好了，这个优惠还能为您保留 3 天呢！

6. 没问题！虽然这款水彩笔价格高一些，但是耐用，相信爸妈会同意的。

7. 没问题！我给您发一些成功案例，这样您向领导汇报也更方便。

8. 我们策划过好多别具特色的婚礼，我给您发一些设计图，您和父母商量的时候可以参考，挺有价值的。

当客户表示“我再到别处看看”，如何化解

<话术公式：“嘴甜”留客 + 独树一帜>

⊗ 销售菜鸟

好的！欢迎您下次光临。

✓ 金牌销冠

1. 这款冰箱正在搞优惠活动呢，直接降价 500 元，还能享受 10 年质保，比其他地方划算太多啦！

2. 现在办卡，还额外赠送一对一的私教指导呢！别的健身房可没有这么好的福利，多实惠呀！

3. 亲，现在下单我们会送一份精美礼品哟，其他店可没有这样的福利！

4. 我们有好多成功的装修案例，决不让您花冤枉钱，值得考虑一下！

5. 现在下单还赠送防蓝光镜片和眼镜盒，别的店可没有这么划算哟！

6. 我们的课程是专门定制的，师资力量也非常强大，其他机构可没有这么优质的教学资源，让孩子在这儿学习，您更能放心！

7. 买这款奶粉，我们会赠送玩具和试用装哦！而且要是宝宝喝了不适应，在保质期内都能退换，您就放心买吧！

当客户说“等我需要再联系你”，如何接话

＜话术公式：制造紧迫＋福利诱饵＞

⊗ 销售菜鸟

好的，随时恭候。

✓ 金牌销冠

1. 风险可不会等我们哪！当下就给自己或者家人购置一份保险，能让您安心。要是错过这次的优惠活动，往后再买就没这么实惠啦！

2. 现在办卡不仅可以享受首年八折的优惠，还会赠送专属私教课程呢。趁着活动办理，随时都能开启您的健身之旅！

3. 美丽可不会等人哟！现在购买还会额外赠送护理项目，超级划算！

4. 我们的服务只要预约就能随时上门，不管是定期大扫除，还是临时的清洁需求，您都不用再发愁啦，而且现在下单还有折扣哟。

5. 近期与我们签约还能享受部分材料免费升级的福利呢，机不可失！

6. 如今市场竞争激烈，越早投放广告，就能越早抢占市场份额。现在和我们合作，还能额外获赠广告位曝光机会。

7. 孩子的学习不能等啊！现在给孩子报名课程，能让他们巩固知识、提高成绩，而且能使用优惠券！

如何委婉地表达“机不可失，失不再来”

＜话术公式：限时限量＋“最后通牒”＞

⊗ 销售菜鸟

再不买真的没货啦！你考虑一下。

✓ 金牌销冠

1. 亲，这款商品的限时折扣马上就要截止啦，现在付款能省下好多钱呢！

2. 我们这个套餐的优惠活动一年就只有一回，现在报名能享受超级划算的折扣，下次可就没有这么好的机会啦。

3. 节假日是入住高峰期，目前只剩下少量房间了。如果您现在预订可以确保有房间，要是再犹豫，可能就订不到合适的房型了。

4. 您看中的这款家具库存已经不多了，而且后续不会再补货，要是喜欢就快下手吧。

5. 这个课程到下周就涨价啦，现在报名能省下好几百块呢！

6. 我们的档期特别紧张，您选的这个套餐对应的摄影师的档期马上就满了。现在预定保证让您享受到高品质的服务哟！

7. 这款车的销量非常好，现车只剩这一辆了。后续再订的话，可能得等很久才能提车。

使用“加 1 元话术”，打破价格僵局

<话术公式：撒把“碎银”+兑换“豪礼”>

⊗ 销售菜鸟

加 1 元换购礼品，您要试试吗？

✓ 金牌销冠

1. 这款洗发水原价 39 元，现在活动价只需 35 元，再加 1 元，您就能额外带走一瓶同款旅行装，简直太划算了！

2. 先生，我们这个套餐加 1 元就能把饮料升级成大杯，非常划算！

3. 我们这张卡售价 299 元，现在加 1 元，除了能享受基础护理之外，还能额外体验一次肩颈按摩，相当划算！

4. 加 1 元，我们再送您一个手机支架，平时刷视频、追剧都用得上哟！

5. 亲，这件美衣已经很划算啦，您再加 1 元，我们就为您升级成急送包邮服务，让您立马穿上美美的衣服！

6. 您只要加 1 元，我们就送您一个定制的文件夹，不仅出门拿着方便，而且能循环使用哟！

7. 加 1 元，我们就为您的爱车内饰做一个简单的清洁，非常划算哟。

8. 加 1 元，就为您加送花洒并且延长质保期，让您用起来更加安心。

如何优雅地“刺激”客户下单

<话术公式：华丽金句 + 硬核品质>

销售菜鸟

这款产品真的很不错，您买回去肯定不会后悔的，赶紧下单吧！

金牌销冠

1. 女士，这支口红是今季美妆界的焦点色号，柔雾质地如丝绒覆唇，博主圈争相推荐。限量库存告急，入手即添东方气韵，何不妆点今日风采？

2. 先生，这款智能手表集运动监测与健康管理于一体，可以实时追踪心率血氧。现享限时尊享价，下单即赠定制表带，助您科学规划活力人生。

3. 小姐姐，这条连衣裙采用巴黎时装周流行廓形，剪裁贴合东方身形，穿上让您如画卷中走出的雅致淑女。仅剩 3 件现货，错过再等一季风华。

4. 老板，我们的办公用品严选环保材质，性价比高。长期合作可享阶梯折扣，为企业省下真金白银。

5. 这款糕点传承古法工艺，内馅绵密如云端滋味。现“买三赠一”，多囤几份与亲友共品，让舌尖邂逅传统与创新的巧妙结合。

6. 先生，这台按摩椅搭载 AI 仿生手技，舒缓筋骨如大师亲临。好东西配上更好的您，把每日舒爽带回家，别亏待自己。

7. 女士，此款精华萃取天山雪莲花露，润养肌肤如晨露沾花。今日下单加赠旅行装，让护肤从“面子”到“里子”，尽显水润光彩。

8. 先生，这款座驾配备五星安全系统，守护您的每一次出行。现享零息分期礼遇，低首付开新车，早入手早享安心征途。

9. 老板，我们的广告方案融合数字营销与品牌美学，已助力百家企业破圈。签约立享定制折扣，附赠品牌诊断报告，助您商海扬帆，抢占先机。

10. 这款手机搭载徕卡影像系统，捕捉光影如摄影师执镜。下单即赠原装快充，让每个瞬间都成为视觉诗篇，定格生活中的璀璨时刻。

11. 这款沙发选用意大利进口头层牛皮，触感温润如挚友环抱。正值年中庆，入手立省 2000 元，为客厅添一份闲适，坐享品质时光。

12. 这对儿耳环的设计如星辰落于耳畔。生活需要仪式感，下单就是宠爱自己。

13. 老板，我们的物流网络覆盖九州，极速送达，安全可靠。今签约加赠运费险，让货物流转无忧，合作共赢正当时。

14. 这款空气净化器搭载纳米级过滤技术，让家人如置身森林氧吧。活动期间立减 500 元，让清新空气常伴左右，健康从呼吸开始。

15. 全城健身房都在用这款跑步机，别人都在抢，您还在等？

16. 女士，这款香水是调香师的匠心之作，前调如晨露玫瑰，尾韵似雪松沉韵。购正装赠同款小样，让独特香息成为您的隐形名片。

17. 老板，这款办公软件融合 AI 智能，提效如快马加鞭，协作似行云流水。现购享企业专属折扣，附赠操作手册，让办公效率更上层楼。

18. 这款儿童玩具寓教于乐，积木拼接如搭建小小王国，启迪思维如星火燎原。现在下单加赠益智绘本，给孩子的童年添一份智慧与乐趣。

19. 女士，这款丝巾是顶级设计师的作品，融合文艺复兴元素。限量 50 条，系上它，为穿搭添魅力，让您成为人群焦点！

20. 先生，这款电动牙刷应用了磁悬浮声波技术，清洁力强。现买一送一，还赠收纳盒，居家出行护齿无忧！

21. 小姐姐，这款卫衣选用日本空气棉，轻柔保暖。落肩设计超时尚，仅剩 2 件 M 码！

22. 老板，我们的企业培训课由顶尖专家授课，涵盖多核心板块。现在报全年课程享 5 折优惠，还赠定制方案助力企业发展！

23. 这款智能扫地机器人用激光导航避障，清洁无死角。今日下单可享免费安装，还送 3 套滤网！

24. 先生，这款鱼竿是专业钓手的挚爱，高碳材质，轻盈坚韧。在钓鱼季下单，我们送鱼线轮和鱼饵套装助您爆护！

25. 女士，这款面霜含深海鱼子精华，抗皱紧致。买正装赠 500 元小样套装，奢护肌肤，为您留住青春！

26. 老板，我们仓储服务用智能化管理，实时更新库存。新客户签约享受首年 8 折优惠，还为您免费盘点货物！

27. 这款儿童安全座椅通过欧盟认证，能做到多重防护。现在下单加送遮阳罩，守护孩子出行，带娃更安心！

28. 先生，这款西装选用英国羊毛面料，剪裁精细。限量色仅余 1 件，穿它出席商务场所尽显风度！

29. 女士，这款手链由 925 银搭配天然水晶，能量独特。现在下单送首饰盒，自戴送礼皆宜，传递美好祝福！

30. 老板，我们的短视频营销方案定位精准、创意足。现在签约享 3 个月免费运营指导，附赠粉丝增长报告！

31. 先生，这款护眼灯模拟自然光，可以呵护视力。下单即送护眼贴，守护双眸。

32. 女士，这条项链是复古宫廷风设计，彰显优雅。限量 10 条，别错过！

33. 老板，我们的云服务器稳定高效，安全无忧。新用户享半年优惠！

34. 小姐姐，这款美甲套装含热门色号，在家就能做。现买二赠一！

35. 先生，这款电水壶快速烧水且保温好。今日下单送杯垫！

36. 女士，这款遮阳伞防晒指数高，轻巧便携。仅剩 5 把，快入手吧！

37. 老板，我们的财务软件记账精准，操作便捷。现在签约送培训课程！

38. 小朋友，这个遥控赛车速度超快，超好玩儿。现在下单送电池！

39. 先生，这款登山鞋防水防滑，舒适耐磨。登山季享折扣！

40. 女士，这款香薰蜡烛香味舒缓，助眠安神。买就送烛台！

第八章

售后处理的 128 个瞬间

妥善解决售后问题是每一位优秀销售的核心技能。精准抓住化解矛盾的关键时机，以贴心的交流打消客户的疑虑，便能收获属于你的“回头客”。

在售后服务中，如何打造“二次销售”契机

场景 1 家电售后，客户反映电视画面偶尔会出现卡顿现象

成交瞬间： 推荐升级服务，解决现有问题并提升观看体验。

话　　术： 我们可以为您提供网络设置优化升级服务。在升级之后，不仅能有效解决卡顿问题，而且播放会更加顺畅，让您拥有更出色的观影感受。

场景 2 化妆品售后，客户表示某款面霜吸收的速度较慢

成交瞬间： 推荐配套产品，以促进协同使用的效果。

话　　术： 这款面霜要是搭配同系列的导入精华一起使用，能够加快吸收速度，让护肤成效翻倍，您可以尝试一下。

场景 3 打印机售后，客户反馈更换墨盒麻烦

成交瞬间： 推荐大容量墨盒或者新机型。

话　　术： 我们有大容量的墨盒，使用它能够降低更换墨盒的频率。如果您经常需要打印，那么换一台墨仓式打印机会更划算。

场景 4 厨具售后，客户反馈不粘锅的涂层有点儿脱落

成交瞬间： 推荐新型产品，着重强调改进后的优势。

话　　术：我们新推出的这款不粘锅运用了更为先进的不粘涂层技术，既耐用又安全。建议您换购一台，使用起来会更加安心。

场景 5　服装售后，顾客反馈衣服出现起球情况

成交瞬间：推荐衣物护理用品，既能解决问题，又能促进销量增长。

话　　术：您试试这款去球器，它能轻松去除衣服上的毛球。不仅操作简便，还能呵护衣物，实用性超强。

场景 6　电脑售后，客户反馈电脑运行速度明显变慢

成交瞬间：推荐提升电脑性能方案，达成二次销售。

话　　术：给您的电脑加装一块固态硬盘，能大幅提升运行速度，而且当下升级还有优惠活动哟！

场景 7　灯具售后，客户觉得频繁更换灯泡实在麻烦

成交瞬间：推荐便捷的新产品，满足客户的实际需求。

话　　术：我们新到了一款智能感应灯具，无须频繁更换灯泡，使用寿命长且使用便捷，您可以考虑更换一套。

场景 8　电动车售后，客户表示续航能力越来越差

成交瞬间：推荐新电池或者长续航的车型。

话　　术：更换一组新电池，能让电动车的续航能力提升不少。或者您也可以换一辆长续航的电动车，只需充电一次，就能跑得更远。

当客户表示“产品质量不好，我要退货”，如何应对

场景1 电商平台

成交瞬间：真诚道歉并给出可行的解决方案，尽力挽回客户。

话　　术：真的非常抱歉！我们会立刻为您更换新的产品，质量绝对有保障，同时还会为您送上一份小礼品作为补偿。

场景2 日用品店

成交瞬间：仔细询问具体情况，为顾客提供合理的售后服务。

话　　术：十分抱歉！麻烦您详细跟我说一下使用这款产品的具体细节，核实情况后，我们马上就为您办理退货手续，并且会及时将情况反馈给厂家。

场景3 服装店

成交瞬间：坦诚承认错误，并提出有效的弥补措施。

话　　术：确实是我们的工作没做到位，对此我们深感抱歉。我们会马上为您处理，如果您还是想要退货，我们这边会立即为您办理退款。

场景4 家具城

成交瞬间：主动承担责任，为客户提供换货或者维修方案。

话　　术：这完全是我们的责任，我们诚恳地向您道歉！我们马上为您更换产品，或者安排专业师傅尽快上门为您维修，保证不影响您的正常使用。

场景 5　电器城

成交瞬间：解释缘由并解决问题。

话　　术：抱歉给您带来了困扰！可能是电器安装方面出了问题，我们会立刻安排师傅上门调试。若调试后还是不行，我们一定为您办理退货。

场景 6　美妆店

成交瞬间：推荐其他产品或者给予补偿。

话　　术：实在是不好意思！我们可以给您推荐一款不容易掉色的口红，或者为您办理退货，另外再送您一些小样作为补偿。

场景 7　外卖平台

成交瞬间：诚恳致歉并给予补偿，争取顾客谅解。

话　　术：万分抱歉！我们马上为您退款，再额外送您一张大额优惠券，希望您能再给我们一次机会。

场景 8　婴儿奶粉店

成交瞬间：了解具体情况，给出解决办法。

话　　术：您跟我们说说孩子的具体情况，我们会联系专业的营养师帮您分析。若产品不合适，我们马上为您办理退货退款。

成交后，这样跟进能收获好评

<话术公式：负责到底 + 展望未来>

⊗ 销售菜鸟

您用后感觉如何？麻烦给个好评，谢谢！

✓ 金牌销冠

1. 您满意我才高兴，用着有问题随时跟我说，一定给您解决到位！

2. 成交只是开始，服务没有终点，要是觉得好，别忘了点个好评啊！

3. 有任何不明白的地方您尽管问，我 24 小时守着您！

4. 做买卖靠的是回头客，您用得顺溜了，请多帮咱在亲戚朋友那儿美言几句！

5. 您要是满意，麻烦给个五星好评，我们感激不尽！

6. 要是产品用着合心意，记得多跟身边人说说；有问题随时联系，我马上处理！

7. 一回生二回熟，您这次买得满意，下次需要啥直接找我！

8. 您的好评是我们前进的动力，如果有需求尽管开口！

9. 东西好不好，您说了算！以后有需要，随叫随到！

10. 我们是您的长期伙伴，以后有需要，我还在老地方等您！

11. 售后有问题直接跟我讲，您满意了，下次咱接着合作呀！

12. 您要是用得好，欢迎多带点儿朋友来，我给您打折！

13. 产品您用着还可心吗？售后问题我们全包，您只管享受！

14. 感谢您选择我们，我们会持续为您提供优质服务！

15. 售后是我们工作的延续，期待您的再次光临！

16. 感谢光临！您真幸运，正好赶上我们店的感恩回馈活动——参与抽奖，中奖率百分百哟！

17. 您要是觉得产品不错，请写好评夸夸，下次复购我给您“开小灶”！

18. 成交才是咱缘分的开始！有啥问题随时找我，别客气哟。

19. 有问题就找我！我跟您处的是长久关系，您满意了，我们这生意才能越做越红火。

20. 感谢支持！后续有优惠活动，我会第一时间通知您，让您接着占便宜。

21. 以后有促销活动我第一个想着您，好东西就得优先给信任咱的人。

22. 下次下单时提我名字，保准给您多送个实用小礼品，我说到做到！

23. 要是有朋友需要，麻烦您推荐，我家产品保准让您有里有面儿。

24. 来了就是朋友！下次下单直接给您“VIP 待遇”，啥都优先。

客户收到产品说“不满意”，如何化解

＜话术公式：贴心解释＋对症解决＞

销售菜鸟

就是这样的呀！您放心吧，肯定没问题。

金牌销冠

1. 非常抱歉给您带来了困扰！我们这边可以为您提供换货服务，或者给您补偿一部分差价，您觉得这样可以吗?

2. 有可能是网络方面的问题。您可以尝试重启手机，如果还是不行，我们会安排售后人员进行免费检测，有质量问题直接给您换一台新的。

3. 您不用担心，我们会立刻安排专业的维修人员去修补，后续还会定期进行回访，保证不会再出现类似问题。

4. 我们会为您的车辆做专业的车内除味处理，另外再送您一个车载香薰，很快就能让车内的气味问题得到改善。

5. 我这就给您讲讲正确的使用方式，要是试过之后还是不行，我们立马给您换个新的。

6. 这款产品功能丰富，所以刚上手会有一定难度。我们有非常详细的教程，我现在就给您讲解，保证让您学会。

7. 不好意思！要是可以调整尺寸的话，我们马上安排师傅来进行调整；要是没办法调整，我们给您更换尺寸合适的家具，运费由我们承担。

8. 买东西图的是开心，您不开心咱就改，您说咋做就咋做，保您舒心。

9. 东西没达标，实在不好意思！您别生气，咱直接按您的意思来，退换修 + 送小礼物，必须哄好您！

10. 东西没让您点头，咱检讨，您指问题咱改问题，能换马上换，不能换咱补您优惠券！

11. 东西没让您满意是我的错！您一声令下，我跑断腿也给您办妥！

12. 感谢您的坦诚相告！我们会加倍补偿，直到您满意为止。

13. 货不对版咱不藏着，您指哪儿咱改哪儿，再给您补偿优惠券，必须让您觉得不亏！

14. 买回家觉得不香了？没事！您告诉咱咋调整，退换流程我帮您踩油门加急处理，决不拖泥带水。

15. 东西没让您眼前一亮？没事！您告诉咱咋调整，48 小时内，补偿商品一定出现在您面前！

16. 货有小毛病您别嫌弃，告诉我们哪儿要修，师傅带着零件上门，修完保准跟新的一样。

17. 收到货有落差很正常，您跟我唠唠细节，能调整的我们连夜改，调整不了直接退款！

18. 咱以和为贵不折腾，您觉得不好咱就调，退换修流程简单得很，我一步一步教您办。

当客户投诉物流损坏时，如何应对

<话术公式：光速“赔罪”+方案救场>

✗ 销售菜鸟

哎呀，怎么会这样呢，我们打包都很结实的！

✓ 金牌销冠

1. 实在抱歉，给您添了这么大的麻烦！我们会立刻为您补发一个全新的陶瓷摆件，同时再送上一张优惠券，希望能弥补这次的过失。

2. 我们马上安排师傅上门检测！要是确实是物流运输过程中造成的问题，我们会免费为您更换一台新电视。

3. 对不起！我们会马上跟快递方和卖家取得联系，帮您跟进处理此事，尽快给您一个满意的答复。

4. 万分抱歉！这次的问题都由我们承担，会给您办理全额退款，另外再赠送您一束鲜花，希望能得到您的谅解。

5. 十分抱歉！我们会安排专业的维修人员上门进行修复，要是修复后您觉得效果不理想，我们一定会为您更换。

6. 不好意思！我们会马上为您重新补发一份新的饼干，同时也会和物流方面积极沟通，防止类似的情况再次出现。

7. 非常抱歉！我们会立刻给您寄一个全新的灯罩，在安装过程中遇到任何问题，请随时联系我们。

当客户反馈功能不符时，如何应对

<话术公式：感谢反馈 + 售后护航>

⊗ 销售菜鸟

怎么会这样呢！您可以检查一下设置，把时间校准。

✓ 金牌销冠

1. 实在不好意思，直播间的灯光会对显色度有影响呢。我们支持无理由退换货，回寄的运费由我们来承担！

2. 很抱歉给您添麻烦了！您可以在手机 App 上设置沿边清扫模式，这样就能把角落清扫干净啦。要是还有问题，我们立马安排师傅上门调试。

3. 可能是手指上的污渍影响了识别。您把手指擦干净再试试看，要是还不行，我们马上安排售后人员来调试。

4. 亲，检测甲醛得在封闭空间静置 12 小时之后进行哟！而且净化空气有一定过程，只要坚持使用，效果就显出来啦。

5. 感谢您的反馈！为表达我们的歉意，送您一本参考书，希望您能继续体验我们的课程。

6. 真的十分抱歉！我们会马上为您补发两包薯片，或者直接给您办理退款，希望能得到您的谅解。

7. 美容仪需要坚持使用一段时间才能见效。建议您按照说明书上的要求，坚持使用两个月，效果会更加明显。

当客户抱怨赠品漏发时，如何应对

＜话术公式：火速补发＋赠礼致歉＞

销售菜鸟

不好意思哈！我马上帮您核实情况，稍后回复您！

金牌销冠

1. 非常抱歉！马上就为您补发赠品，并且已经安排优先发货了，还恳请您多多谅解。

2. 万分抱歉！这边给您补偿一张优惠券，赠品也会以最快的速度发出，希望能弥补这次出现的失误。

3. 您先消消气！马上就给您处理这个问题，额外再送您一个小围兜，希望能让您满意。

4. 实在不好意思，可能是发货的时候疏忽了。这边给您赠送一张 5 元无门槛优惠券，赠品也会马上为您补发。

5. 亲亲，真的不好意思呢！我马上帮您确认一下并补发赠品哈，后续我们会加强发货检查环节，保证不会再出现这种状况啦！

6. 实在抱歉！我们会在 24 小时之内为您补发赠品，另外再额外送您一张保养优惠券，还请您消消气哈。

7. 很抱歉让您不开心啦！我们马上为您补发赠品，另外再送您一个小香薰，希望能让您满意哟。

当客户要求更换维修人员时，如何应对

< 话术公式：硬核“专业力”+兜底“军令状” >

⊗ 销售菜鸟

为什么要换哪？那可是我们最好的维修员！

✓ 金牌销冠

1. 这位师傅虽然看着年轻，但已经有 5 年的维修经验啦，处理过无数复杂的故障，之前的客户对他的服务都十分满意。

2. 非常抱歉！我这就去查看上次的维修记录，给您安排店里的技术骨干，保证妥善解决问题。

3. 这次安排的师傅特别细心，会先给您的资料做好备份，然后再进行维修，绝对不会出任何问题。

4. 抱歉给您造成了困扰，我们马上派技术专家过去，对电梯进行全面检查，彻底解决异响的问题。

5. 实在不好意思！马上给您换一位经验丰富的师傅，这次保证能让您的屏幕恢复灵敏，就跟新的一样。

6. 这次来的师傅可是我们公司的金牌员工，他已经成功解决了无数个疑难故障，一定能把您家的空调修好。

7. 非常抱歉，上次可能是没有准确找到问题所在。这次安排的师傅会进行仔细排查，保证解决问题。

当客户要求升级服务时，如何应对

<话术公式：承接需求 + 价值放大>

⊗ 销售菜鸟

升级服务可就不是这个价格了，您可要想好啦！

✓ 金牌销冠

1. 行政套房设有专属的酒廊，您不仅能在那儿享受免费的下午茶和晚间鸡尾酒，还能尽情俯瞰城市的绝美风景，我这就为您办理！

2. 没问题的，我们免费帮您把快递升级为顺丰加急，预计明天就能送达。

3. 一对一私教课能够为您量身定制专属的训练计划，教练会全程指导并及时纠错，现在报名还有优惠活动呢！

4. 没问题！我们的高端焕肤护理采用进口精华，能够深层滋养您的肌肤，让您的皮肤瞬间变得水嫩且富有光泽。

5. 深度清洁会把家里的死角都清理得干干净净。我们马上安排经验丰富的阿姨上门服务，保证让您的家一尘不染。

6. 当然可以啦！升级到1000M套餐后，网速会大幅提升，您看高清视频、玩游戏都不会出现卡顿的情况，而且价格也非常实惠呢。

7. 没问题呀！我们的首席设计师可厉害了，他能根据您的脸型和气质设计发型，保证让您在人群中成为焦点。

客户问“能不能以旧换新”，如何应对

＜话术公式：肯定回应＋利益清晰化＞

⊗ 销售菜鸟

我们公司还没有“以旧换新”的政策，我帮您问问吧！

✓ 金牌销冠

1. 当下我们的以旧换新活动力度那可是相当大，您用家里的旧电视换购这台新电视，简直太划算了。

2. 完全可以！我们会有专业人员评估您的旧手机，然后直接抵扣新手机的费用，真的特别实惠。

3. 可以的！我们提供一站式服务，无论是旧车评估还是置换流程，都非常方便，还有购车补贴，能帮您省不少钱。

4. 能换的！我们会妥善处理您家的旧沙发，而且现在以旧换新还能享受折扣优惠，简直太划算了。

5. 没问题呀！参与以旧换新活动，旧平板能直接抵钱，我们还会免费帮您迁移数据，让您更加省心。

6. 可以以旧换新的！您的旧电磁炉能够直接抵现，而我们的新品既节能又高效，换购真的非常划算，能大大提升您的烹饪体验。

7. 当然可以啦！您的旧电动车能够折价换购新的，我们还会免费为您安装调试，能帮您省下一笔钱呢。

8. 您这旧产品还能发挥余热，换新抵钱超划算！

9. 必须能以旧换新！您的旧机按行情折价，用新机型玩各种游戏都流畅，换购非常划算！

10. 能换！旧洗衣机按年头折价，新款机型带自清洁功能，换购后洗衣服再也不用“费九牛二虎之力”！

11. 旧电脑有专业小哥估价，新电脑配置拉满、秒开机，换购后打游戏办公一气呵成！

12. 能换！工程师持证上岗检测旧货，发现虚报价格，我们双倍赔偿！

13. 不仅能换，而且我们是政府认证的环保单位，参与回收送延保服务！

14. 可以的！我们采用进口检测仪，换新全程录像，保证评估透明！

15. 我们与厂家合作，您可以直接享受额外以旧换新补贴！

16. 我们通过 ISO 回收认证，新机出现质量问题，包退包换！

17. 您可太幸运啦！正好赶上旧机翻新活动，翻新机享同等质保！

18. 找我们算是找对了！我们自主研发了估价系统，比其他平台多抵300元！

处理客户投诉的金句

<话术公式："软"态度＋"硬"挽尊>

⊗ 销售菜鸟

不好意思，您先别生气，我们会处理的，您千万别给差评。

✓ 金牌销冠

1. 对给您造成的不便，我们深表歉意！ 我们即刻核查订单，此前同类问题均在 2 小时内妥善解决，本次定当加急处理，还请您稍候。

2. 物流运输中不慎造成商品轻微损伤，我们难辞其咎。已与物流方协调，按商品价值三成予以补偿，此方案可还合您的心意？

3. 经核查，系生产批次偶发瑕疵，给您添忧实属不该。 现备同款新品更换，另赠 8 折礼遇券，望能略表歉意，还请笑纳。

4. 对于客服的沟通疏漏之处，我们深感愧疚。 已安排专项培训，今为您开通 VIP 专属通道，让您享优先服务，愿未来不负您的信任。

5. 系统故障导致扣费异常，我们万分抱歉。 即刻为您办理退款，另备薄礼一份，还望您海涵，盼您继续见证我们的改进。

6. 商品描述未能尽善，致使您产生误会，我们诚恳致歉。已修正详情页，本次为您全额退款，恳请您继续监督我们的成长。

7. 员工操作失误给您带来困扰，我们深表歉意。 已严肃整改，现重制商品并享 9 折优惠，此解决方案可还妥当?

8. 库存信息更新延迟，导致配送延误，我们十分愧疚。今日加急调配，明晨必达，另赠运费险保驾护航，还请您宽心。

9. 服务流程存在疏忽，让您体验不佳，我们深感自责。现已优化流程，您的本次消费享 7 折特惠，望能换取您的谅解。

10. 广告宣传用语欠妥，误导您的判断，对此我们诚恳反省。我们即刻整改文案，为您办理退货并赠 50 元购物券，盼能继续相伴。

11. 售后响应未能及时，是我们的失职，特此致歉。已设专属客服对接，本次维修免费并延保 3 个月，还请您放心托付。

12. 产品质量未达预期，我们深感愧疚，愿担全责。我们将直接更换新品并补偿 100 元，此处理方式可解您心头之忧否?

13. 安装师傅技艺不精，导致服务不周，我们郑重致歉。今派资深技师上门重装，免除全部安装费，定让您满意。

14. 促销规则烦杂难懂，造成您的困扰，我们深表歉意。现已简化规则，本次按最优价结算，望能为您省去烦忧。

15. 产品使用说明不详，这是我们考虑不周，特此致歉。现安排专员线上指导，另赠配套工具，助您无忧使用。

16. 供应商的品控疏漏导致产品瑕疵，我们难辞其责。我们将为您更换新品并赠同品牌饰品，望以此薄礼求得您的谅解。

17. 活动现场秩序混乱，这会影响您的体验，我们深感抱歉。我们已优化流程，并将全额退还门票费用，盼下次活动能重获您的青睐。

第九章

拓展客户的 127 个瞬间

你是否好奇销冠们源源不断的客户都从哪里来？除了提供优质服务之外，善用技巧、凭借沟通艺术叩开合作的大门，同样是赢得“新客源”的重要秘诀。

如何通过“大人物”拓展客户

场景 1 行业峰会现场，知名企业的 CEO 正与同行热切交流

成交瞬间：凭借这位 CEO 的强大影响力，结识其身旁的潜在客户。

话　　术：王总，久仰久仰！能结识您真是万分荣幸。这位是李总吧，听说您有着非常独到的见解，我特别想跟您取取经。

场景 2 高端商会活动，业界大佬被众人紧紧簇拥着

成交瞬间：借助大佬的光环吸引周围潜在客户的关注。

话　　术：王董，我一直都特别关注您的成就！我对我们行业未来的发展有一些想法，想和各位一起深入探讨。

场景 3 慈善晚宴上，一位商界传奇人物正在台上发言

成交瞬间：晚宴结束后，通过大人物结识其他嘉宾，进而拓展客户。

话　　术：刘总，您的发言太精彩了！我是 ×× 公司的 ××，希望能和您身边充满爱心的企业家们交流交流。

场景 4 行业论坛上，权威专家正在台上分享前沿观点

成交瞬间：借助专家的权威性，结识参会的潜在客户。

话　　术：陈教授，您的观点真是太有前瞻性了！想必在座的各位都收获满满，我们一起交流交流心得吧！

场景 5 大型新品发布会上，企业创始人致辞完毕

成交瞬间： 以创始人的强大影响力，拉近与台下潜在客户的距离。

话　　术： 李总可真是商界传奇呀，把企业规模经营得如此宏大。我们趁此难得的机会，探讨一下合作方向如何？

场景 6 行业研讨会上，资深企业家正激情澎湃地发表演讲

成交瞬间： 待演讲结束后，借这位企业家的人脉拓展潜在客户。

话　　术： 赵总，您的经验分享简直太珍贵了，我听后真是醍醐灌顶！在座有这么多同行，我们建个小群，相互交流一下怎么样？

场景 7 企业家俱乐部活动，某位声名远扬的投资人也在现场

成交瞬间： 借助投资人的独特吸引力，结识其他企业家。

话　　术： 孙总，久仰您的大名！您一出现，感觉这场活动瞬间就提升了好几个档次，大家一起交流交流项目如何？

场景 8 科技成果展示会上，科技界的领军人物正参观展品

成交瞬间： 借助领军人物的关注度，结识周围的潜在客户。

话　　术： 林总，您来参观啦！能和您一同观摩这些科技成果，实在是太荣幸了。大家一起交流交流如何？

场景 9 行业颁奖典礼现场，获奖的企业家正在接受荣誉

成交瞬间： 典礼结束后，借祝贺获奖企业家结识潜在客户。

话　　术： 张总，恭喜获奖！实至名归！我是 ×× 公司的 ××，现场精英多，咱交流下，说不定能有合作新思路！

如何优雅开口，请老客户帮忙介绍新客户

场景1 美容店

成交瞬间：凭借客户的满意体验，拜托其帮忙转介绍。

话　　术：姐，您瞧您这次护理完，皮肤状态简直好到爆！要是您身边有朋友想改善肤质，麻烦帮我推荐推荐，太感谢您啦！

场景2 健身房

成交瞬间：以优惠福利，引导老客户转介绍。

话　　术：哥，您这健身效果太明显啦，给我们健身房做做宣传呗。要是您介绍新客户过来，能拿到一张周卡呢，多实惠呀！

场景3 理发店

成交瞬间：用良好口碑和优质服务打动老客户帮忙推荐。

话　　术：您对这次的发型还满意吗？要是您朋友也想换个超好看的发型，把他们推荐到我这儿来，保准不会让他们失望！

场景4 装修公司

成交瞬间：借助老客户对装修成果的认可来开口。

话　　术：姐，您家这装修效果太棒啦！要是您亲戚朋友有装修方面的需求，帮忙推荐下我们公司吧，多谢您啦！

场景 5 汽修店

成交瞬间： 突出服务优势，引导老客户进行转介绍。

话　　术： 老板，您的车修好了。您身边要是有朋友需要修理车，就把他们介绍到我们这儿来，服务质量有保障！

场景 6 摄影工作室

成交瞬间： 凭借精美的作品促使老客户主动帮忙宣传。

话　　术： 亲，您这照片拍得也太美了吧！发个朋友圈帮我们宣传宣传，要是有朋友被“种草”，就把我们介绍给他们吧！

场景 7 家政公司

成交瞬间： 依靠服务质量来争取老客户的推荐。

话　　术： 阿姨，这次的服务您还满意吗？要是您邻居家有需要家政服务的，麻烦您帮我推荐推荐哈，真的太感谢啦！

场景 8 培训机构

成交瞬间： 借助孩子的学习感受来请求转介绍。

话　　术： 家长，您家孩子上体验课的时候可开心了。要是您身边有同龄的孩子，把他们也介绍到我们这儿来吧。结伴上课，孩子更有兴趣哟！

场景 9 餐厅

成交瞬间： 询问客户用餐后的感受，自然提出转介绍的请求。

话　　术： 大哥，看您吃得挺满意的，要是您有朋友也喜欢咱这口味，带过来呗，咱们家肯定不让您“掉面儿”！

当客户说“如果效果好，我就帮你推荐”，如何接话

<话术公式：成竹在胸 + 顺势引导>

⊗ 销售菜鸟

那真是太好啦！我们肯定不会让您白帮忙！

✓ 金牌销冠

1. 效果肯定让您眼前一亮，就盼着您能多给我们介绍些朋友呢！

2. 我们会不断推出新口味，要是您觉得好吃，欢迎下次带朋友来！

3. 您放心用，效果好您帮我推荐，以后您有啥需求我一定给您办妥。

4. 靠的就是效果和口碑，您用着好就给身边人讲讲，我不会让您失望的。

5. 效果绝对让您竖大拇指！到时候要是觉得好，记得给姐妹兄弟安利两句。

6. 效果不好您回来找我算账，好用的话记得在小区群帮我露个脸哈。

7. 我对产品可太有信心了！您满意的话，麻烦发朋友圈帮我种个草。

8. 指定让您拍案叫绝！请给朋友们推荐，我这儿给您留着专属福利。

9. 闭眼入！要是您觉得值，就在社交软件 @ 我，帮小店涨涨人气呗！

10. 效果我拍胸脯保证！您觉得值就拉亲朋好友来，我备足见面礼！

如何引导客户参与体验调研

<话术公式：虚心求进 + 赠礼诱惑>

⊗ 销售菜鸟

您好，耽误您几分钟，帮我们填写一下体验调研吧，有赠品哟！

✓ 金牌销冠

1. 您只需花 2 分钟填份问卷，就能拿到定制运动手环哟，您这会儿方便吗？

2. 感谢支持！为了给您提供更棒的服务，能不能耽误您 1 分钟参与体验调研呢？完成调研就送您 5 元无门槛优惠券哟！

3. 麻烦您填个简单的调研哈，填完就送您一张免费拿铁券，可以吗？

4. 欢迎入住！为了提升您的住宿体验，想邀请您参与调研，等您退房的时候填就行，还会送您酒店早餐券呢！

5. 美女，这次护理您还满意吗？我们想把服务做得更棒，麻烦您填份调研问卷哈，下次护理直接打 8 折！

6. 同学，感觉这堂课咋样？为了给大家打造更优质的学习体验，麻烦填份调研问卷哟，完成就能领资料大礼包呢！

7. 填份简单的调研问卷能让我们为您更好地服务，您还能领 50 元抵扣券哟！

8. 玩家大大，这局游戏玩得过瘾吗？为了优化体验，诚邀您填份调研问卷，填完就送 100 游戏金币，来试试看？

如何让客户在体验新品时帮忙“打广告”

＜话术公式：强化肯定＋恳切请求＞

销售菜鸟

美女，使用我们新品感觉如何？好的话一定帮我们打打广告哇！

金牌销冠

1. 您做完护理后，皮肤状态简直太棒啦！要是您发个朋友圈分享一下这次体验，您的朋友们看了肯定羡慕不已，说不定都会来我们这儿呢。

2. 这堂课是不是特别“带感”！您顺手在抖音上发个小视频吧，让大家都感受感受我们这儿活力四射的氛围。

3. 这款扫地机器人真的很好用！您可以分享一下使用感受，朋友们肯定都特别想了解。

4. 亲，如果您觉得这款蛋糕好吃，就发个小红书推荐一下吧，让更多的人知道我们家的美味蛋糕。

5. 美女，您瞧瞧这发型，简直太显气质啦！赶紧发个朋友圈炫一炫，朋友们看到，肯定都得打听在哪儿做的。

6. 您这照片拍得太绝啦！发在朋友圈里，大家肯定都得夸您美若天仙。

7. 这么好玩儿的课程，快发个朋友圈喊姐妹们一起来体验体验吧！

8. 感谢认可！要是您能给我们写个好评，我们就能吸引更多的食客来尝鲜啦！

如何让客户“心甘情愿”晒单

<话术公式：拍对“马屁”+引导晒单>

⊗ 销售菜鸟

大姐您一定要帮我们好评一下，有红包哟！

✓ 金牌销冠

1. 姐，这个造型简直是为您量身打造的！发个朋友圈吧，还能领取我们店的专属护理优惠券哟！

2. 非常感谢您的认可！您要是发朋友圈夸夸我们店，下次不仅能享受 8 折优惠，还会获赠一份特色小吃呢！

3. 能得到您的认可，我们太开心啦！您发个朋友圈展示一下，我们赠送您一套家居清洁用品。

4. 您做的这款美甲美极了！发朋友圈晒晒，下次就能免费升级款式哟！

5. 您在朋友圈参与我们的创意晒单活动，就有机会赢取全年免费蛋糕哟！

6. 您这写真拍得简直绝了！发个朋友圈让大家瞧瞧，再介绍朋友来拍摄，您和朋友都能享受 500 元的优惠呢！

7. 您的车被洗得那叫一个干净！发个朋友圈推荐一下我们，下次洗车立减 20 元，还赠送车内消毒服务呢！

8. 感谢认可！发个朋友圈推荐一下我们馆，能给您减免 200 元的瑜伽课费用哟！

9. 您这眼光也太毒了，选的是咱们店里的爆款，现在晒单就能领 5 元无门槛优惠券哟！

10. 看您这搭配，妥妥的时尚达人范儿，晒单分享给大家，我再送您个实用小礼品。

11. 您这照片拍得比咱们详情页还好看，晒出去肯定好多人夸，还能领张满减券。

12. 您这使用感受说得太到位了，我都超感动！晒单后给您补张优惠券。

13. 这产品在您手里才算物尽其用，晒单分享下，我给您申请个小福利。

14. 您这反馈对咱们新手客户太有帮助了，晒单就当帮个忙，回头给您发礼品。

15. 您选的这几款搭配起来太有格调了，晒单让更多人知道，咱给您补张优惠券。

16. 看您用得这么顺手，我超欣慰，自家产品可算遇到对的人啦！参与晒单吧，我给您发张满减券。

17. 您这眼光自带“种草”属性，随便晒两张都能成咱们的“民间代言人”，还送您份专属礼物！

18. 就服您这会挑货的眼光！赶紧晒单分享，让新手跟着您买。

19. 您选的款准能火！快晒出来，提前带动一波新潮流！

借助“圈子”，拓展人脉

场景 1　出席行业研讨会时与同行交流，谈到了项目上的难题

成交瞬间：彰显专业本领，达成合作意向。

话　　术：我曾处理过类似的项目，采用了 ×× 方法，效果相当不错。我们可以深入探讨一下，没准儿能对您有所帮助。

场景 2　加入运动俱乐部后，和其他人闲聊起来

成交瞬间：以共同爱好拉近彼此距离，并借机推荐产品。

话　　术：运动之后真是太舒服啦！我最近发现了一款超适合我们的运动装备，想不想了解一下呢？

场景 3　线上论坛，有宝妈分享了育儿过程中的困扰

成交瞬间：给出解决方案，顺势推荐自家产品。

话　　术：别着急，我家宝宝以前也有这种情况，用了 ×× 产品之后就有了改善，您可以试试看。

场景 4　业主群里，有邻居吐槽小区周边生活不太便利

成交瞬间：推荐自家能解决问题的服务或产品。

话　　术：我知道有一家生鲜配送服务挺不错的，下单后很快就能送到家，价格还很实惠，大家可以去试试。

场景5 参与商会活动，和其他企业代表深入交流

成交瞬间： 敏锐捕捉到业务契合点，顺利达成合作共识。

话　　术： 我们公司在 ×× 领域深耕多年，经验丰富。看您这边也有相关需求，我们或许可以携手合作，实现共赢。

场景6 在社区公益活动中与居民进行交流

成交瞬间： 巧妙结合公益话题，有效推广产品或服务。

话　　术： 这次公益活动真是意义非凡！我所从事的 ×× 业务同样能为大家的生活增添便利，比如……

场景7 参加同学会，和朋友一同重温校园美好时光

成交瞬间： 凭借同学情谊，积极拓展业务机会。

话　　术： 各位校友，我如今在做 ×× 业务，要是你们有这方面的需求，或者认识有相关需求的朋友，还请帮忙介绍一下呀！

场景8 加入摄影爱好者社群，和群友一起交流摄影作品

成交瞬间： 以摄影话题为突破口，精准推荐自家产品。

话　　术： 这张照片拍得太美啦！我听说有一款超棒的摄影周边产品，能让拍摄变得更加便捷，大家有没有兴趣了解一下？

场景9 参加行业沙龙，与同领域从业者围坐交流

成交瞬间： 捕捉对方业务痛点，凭借专业度建立联结。

话　　术： 听您说了之后，我手头刚好有套成熟方案，咱加个微信，改天详聊，说不定能帮上忙呢！

当客户满意售后时，如何引导转介绍

<话术公式：热情答谢 + 顺水推舟>

⊗ 销售菜鸟

您满意就太好了，别忘了给我们介绍客户哇！

✓ 金牌销冠

1. 您能满意真是太好了！要是您身边有朋友也碰到家电维修的问题，麻烦帮我们推荐推荐，我们一定会全心全意为客户服务。

2. 能获得您的认可，我们太荣幸啦！要是您的朋友有网络方面的需求，可别忘了推荐一下我们哪！

3. 感谢您的好评！要是您身边有人要寄快递，麻烦推荐一下我们哟，我们一直都是这么高效又安全。

4. 您喜欢就太棒啦！要是您的闺密也想改善皮肤状况，请推荐她来体验一下，保证她也会满意的。

5. 恭喜您成功拥有了好身材！要是您的朋友也有健身的打算，可以把我们推荐给他，大家一起迈向健康。

6. 能让您如此满意，我们真是太开心啦！要是您身边有朋友正打算装修，把我们推荐给他们，绝对不会让他们失望。

7. 能帮到您真是太好了！要是您的亲朋好友遇到法律方面的问题，都可以来找我们，我们会全力为他们排忧解难。

如何让同行帮忙介绍新客户

<话术公式：委婉请求 + 利益捆绑>

⊗ 销售菜鸟

张总，别忘了给我介绍新客户哇！

✓ 金牌销冠

1. 张总，我们干建材这行，客源有不少是重合的。以后您要是有客户，给我引荐引荐，我肯定好好答谢您！

2. 孙经理，我们团队做营销方案那可是相当厉害。您要是有客户忙不过来，可以把他们介绍给我们，我们肯定让客户满意。

3. 吴老板，以后您要是有客户想装修，可以把他们介绍给我。要是成单了，我给您发红包，茶水费肯定不会少您的！

4. 刘总，我们很擅长平面广告，您那边要是有客户有这方面的需求，可以介绍过来，我们一起为客户服务。

5. 刘姐，要是您碰到只打算做头发却不想护肤的顾客，就把他们介绍给我。我会给您介绍来的顾客额外的优惠，让您倍儿有面子。

6. 王老板，我们店里有几道招牌菜特别受欢迎。要是您有客户想换个口味，可以把他们推荐过来，我们保准让客户心满意足。

7. 陆总，我们店铺的服务相当到位，要是您有客户想拓展线上业务，可以把他们介绍过来，我们肯定能把客户稳稳留住。

打造“排队购买”情境，引流带货

＜话术公式：描绘场景＋抛出“诱饵”＞

销售菜鸟

过了这个村可就没这个店喽，大家赶紧买呀！

金牌销冠

1. 刚摆好摊，人还没围过来呢。我家的小吃，每天饭点的时候那队排得老长了，来晚了可就没喽！

2. 家人们，这款商品马上就要爆单啦！库存有限，大家赶快下单，再等就没货了呀！

3. 前面已经有好多人在排队选房了，好楼层不等人。您要是喜欢，赶紧去排队，去晚了您心仪的房子可就没了！

4. 这个促销商品特别划算，再不来抢，等会儿排队都买不着啦！

5. 现在人少，完全不用等待，平时到这个点儿呀，那都得排长队呢。您现在进去就能享受最为周到的服务哟！

6. 到了高峰期，来健身的人多，都得排队等着用器材呢！您可以先把卡办了，以后随时都能来健身！

7. 我们今天才刚开始营业，过一会儿就会有一大群人来抢购新机型了。您先进店看看，挑到喜欢的直接就能带走！

8. 一到工作日中午，我们家的客人就变多啦，现在下单免费送货上门哟！

9. 您看这人流越来越多，咱现在买满两件打八折，等一会儿排长龙，优惠就被抢没啦！

10. 今天有好多客户预定，限量200份的牌子都挂出来啦！现在扫码能预留最后30份！

11. 后面的大哥都等半小时啦！您现在下单，我帮您插队留现货！

12. 仓库说只剩最后两箱库存啦！现场付款的直接装箱带走！

13. 后面的大姐专程开车两小时过来的！现在线上下单，省去排队时间！

14. 隔壁城市的分店都卖断货啦！现在购买，我帮您预留最后库存！

15. 我跟您说，今早刚补的货又快见底了！咱俩关系好，您要想买，我帮您锁定最后库存！

16. 预约名单已经排到下周三了！现在登记购买，我给您插队到最快发货的批次。

17. 我们家线下活动现场火爆，网店促销最后半小时再降50元！

18. 您看大家都拎着筐抢购呢，满300元减80元，错过可惜！

19. 直播间倒计时开始了，现在抢购，还额外加赠替换装！

20. 我们最近可忙了，货架都快被搬空啦！您趁现在买，还能抽大奖！

销售演讲的精彩金句，帮你收获掌声

<话术公式：花式吸睛 + 呈上实例 + 设置悬念>

⊗ 销售菜鸟

大家好！我今天来给大家讲讲我们公司的产品，真的特别好，大家一定要认真听啊！

✓ 金牌销冠

1. 各位朋友好！最近不少企业都在为团队协作效率低下而发愁。我们的协作管理工具能让协作效率提高 40%，我相信会对大家很有帮助！

2. 在竞争白热化的市场环境里，企业获客成本持续飙升。我们的营销方案已助力 10 家企业把获客成本降低了 30%，还让客户转化率提升了 25%，我给大家详细说说。

3. 各位好！我留意到很多企业在数字化转型的道路上遇到了难题。我们专注于提供一站式数字化转型服务，已经帮助多家企业成功实现转型。

4. 我刚了解到很多企业急需缩短产品研发周期。我们的研发加速平台已经帮助众多企业将研发周期缩短了 35%，接下来由我给大家讲讲。

5. 当下直播带货相当火爆。我们为商家量身打造的直播运营策略已经帮助多家店铺实现销售额翻倍，您想了解一下吗？

6. 各位好！我发现不少企业在成本控制上压力很大，我们的成本优化方案能让企业成本降低 20%。

7. 90% 的成功演讲都赢在开场白，我们这款产品刚上市就拿下行业第一！

8. 都说“货比三家”，但用过我们家产品的客户都说“不用再比了”！

9. 各位可能不信，这套产品能让当月业绩翻倍！要听听秘诀吗？

10. 就像 iPhone 重新定义手机一样，我们重新定义了行业服务标准！

11. “快鱼吃慢鱼”，我们公司的产品能让在座各位永远快人一步！

12. “授人以鱼不如授人以渔”，但我们公司把渔场都给各位搬来了！

13. 各位，某企业用了我们公司的方案后营收暴增，这是怎么做到的呢？

14. 市场竞争激烈，某品牌为啥连续 3 年选我家产品？答案马上揭晓！

15. 做生意看长远，与我们合作 5 年的老客户从未换货，这是为什么？

16. 某门店用我家设备，水电成本直降 40%，大家想知道这个秘密吗？

17. 某企业靠我家核心技术屹立江湖 30 年的秘密就在这次演讲里！

18. 连锁品牌与我家合作后，差评率从 15% 跌到 1.2%，秘诀藏在哪儿？

19. 企业家的时间多值钱？某老总用我家方案，每周少开 3 场无效会议！

20. 会说的不如会听的——但和我们合作的老板都成了行业前十！

21. 有句话说“站在风口猪都能飞”，听完我的演讲，风口就转向您了！

第十章

应对特殊场景与客户的128个瞬间

应对特殊场景与客户是每位销售精英的必修功课。只要精准捕捉关键时机，巧妙运用方法，凭借灵活应变化解难题，无论在何时何地，你都能赢得客户的认可。

当客户准备为品牌直播带货时，如何接话

场景 1 客户提出疑问：“我的粉丝数量不算多，效果能理想吗？”

成交瞬间： 认可价值，消除客户的担忧。

话 术： 您别担心！粉丝量并非决定性因素，您的粉丝精准度超高、黏性也强，转化效果肯定差不了，我们品牌还会为您提供流量方面的扶持哟！

场景 2 客户抱怨道：“直播带货要准备的东西太烦琐了！”

成交瞬间： 提供帮助，减轻客户的负担。

话 术： 您放心，我们会有专业的团队帮您策划直播流程、准备产品相关资料，您只需展示产品的亮点就好。

场景 3 客户问：“要是效果不佳，会不会对我的口碑有影响？”

成交瞬间： 强调产品优势，化解客户对口碑的顾虑。

话 术： 我们的产品性价比超高，用过的人都赞不绝口。帮我们带货，只会让您的口碑更上一层楼。

场景 4 客户质疑：“你们给的佣金好像不算高呢！”

成交瞬间： 凸显其他优势，弥补佣金方面的不足。

话 术： 虽说佣金不是最高的，但我们品牌知名度高，能和您达成

长期稳定的合作，后续还有更多的福利等着您！

场景 5 客户表示：“我以前从没带过这类产品。”

成交瞬间： 提供助力，提升客户底气。

话　　术： 别担心，我们会安排专业的培训课程，从产品的详细知识到实用的带货技巧，都会一一介绍，助您迅速掌握门道。

场景 6 客户担忧道：“要是在直播过程中碰到突发状况，怎么处理呢？”

成交瞬间： 给出保障办法，让客户宽心。

话　　术： 我们有专业的应急团队时刻待命，直播时不管遇到什么问题，他们都能在第一时间为您解决，您大可放心。

场景 7 客户犹豫道：“竞争太大了，我心里没底。”

成交瞬间： 分享成功范例，鼓舞客户斗志。

话　　术： 您瞧瞧这些成功案例，他们同样是在竞争激烈的时候开始带货的。我们品牌具备独特的卖点，您肯定能行！

场景 8 客户疑惑道：“你们品牌后续还会推出新的产品吗？”

成交瞬间： 披露新品规划，吸引客户长期合作。

话　　术： 那是肯定的！我们有专门的研发团队，后续会持续不断地推出新品，您要是和我们合作，就能一直有新货可带。

当客户带宠物到访时，如何应对

场景1 酒店前台

成交瞬间： 及时告知客户酒店关于宠物入住的政策。

话　　术： 您好，我们有专门的宠物友好房，您可以和自家宝贝一起入住。我们还会为宠物提供相应的用品哟！

场景2 餐厅店员

成交瞬间： 为客户提供能妥善安置宠物的方案。

话　　术： 不好意思哈，餐厅里面是不允许带宠物进入的。不过呢，我们有专门的宠物寄养区，会有专人照顾您的宠物，等您用完餐就可以来接它啦！

场景3 摄影师

成交瞬间： 帮助客户引导宠物，顺利完成"全家福"拍摄。

话　　术： 我们提前准备好了安抚宠物的小道具，保证能给您拍出超级棒的全家福！

场景4 美容院顾问

成交瞬间： 提供宠物安置建议，让客户安心享受服务。

话　　术： 亲，店里不太方便让宠物进入哟。不过我们前台有个小区域，可以暂时安置您的宠物，您就放心去做护理吧！

场景 5 理发店店员

成交瞬间：满足客户需求的同时，维持店内的秩序。

话　　术：我们给宠物弄了个小围栏，放在您旁边，不耽误您照顾它。

场景 6 瑜伽工作室

成交瞬间：提供宠物安置方案，吸引客户报名课程。

话　　术：我们这儿有独立的宠物休息区，隔音效果很不错呢。您可以把宠物寄养在那里，不会影响您上课的。

场景 7 游泳馆前台

成交瞬间：告知客户安置宠物的办法，让客户能安心消费。

话　　术：不好意思，游泳馆是不能带宠物进去的。我们有宠物寄存处，工作人员会细心照顾您的宠物，您就放心去游泳吧！

场景 8 家居销售

成交瞬间：提醒客户注意相关事项，同时展现良好的服务态度。

话　　术：您好，宠物可能会把地毯弄脏呢，我们有专门的宠物休息区，就在那边哟！

场景 9 咖啡馆店员

成交瞬间：为带宠物的客户提供个性化安置方案，促成消费。

话　　术：咱这儿有宠物专属小沙发，您可以让毛孩子在这里打盹儿，您一边喝咖啡一边“撸”宠物，两不耽误。

进公司推销，如何让行政主动帮约老总

<话术公式：点燃兴趣＋展示绝活>

⊗ 销售菜鸟

您好，请问老板在公司吗？我想见一下老板！

✓ 金牌销冠

1. 您好，我们公司致力于为企业提供数字化办公解决方案，能有效提高您的办公效率，大幅降低运营成本，效果相当出色。

2. 您好，操作一点儿都不难，就跟使用手机 App 一样简单。我们还有专业的售后团队随时提供指导，确保您能轻松上手。

3. 您好，您放心，我们配备一对一专属客服，24 小时在线响应，从产品安装到售后维护，全程跟踪服务。

4. 您好，虽说价格略高，但我们家产品带来的收益远远超过成本投入。而且现在给贵公司提供了专属优惠，性价比非常高。

5. 您好，我们这款产品的功能更为全面，极大地减少了人工操作，能为公司节省相当可观的人力成本呢！

6. 您好，不用您专门抽时间，我给您发一个详细的视频介绍，您有空的时候看一下就行，要是有疑问随时联系我。

7. 您好，隔壁 ×× 公司和我们情况差不多，用了我们的产品之后业绩提升特别明显。您帮我约一下老板，他肯定会感兴趣的！

找对话题，扫地阿姨也是“情报员”

<话术公式：聊“家常话”+抛“探路石”>

⊗ 销售菜鸟

阿姨，和您打听点儿事呗！

✓ 金牌销冠

1. 阿姨，这家公司平常人多不多呀？感觉他们公司的业务挺繁忙。

2. 阿姨，您每天都在这儿打扫，肯定心里有数，我们小区里的老人和小孩多不多呀？我想给大家提供合适的服务。

3. 阿姨，您打扫卫生时有没有留意到哪种化妆品的包装扔得最多呀？

4. 阿姨，您在这儿打扫挺长时间了吧？请教您一下，这园区里哪些厂看起来规模大、效益好哇？

5. 阿姨，最近酒店举办的会议多不多呀？都是些什么类型的会议呢？

6. 阿姨，您每天都在这儿打扫，您知道车间里哪种设备使用得最多吗？我是做耗材销售的，想了解一下。

7. 阿姨，您感觉每天来锻炼的是年轻人多一些，还是中年人多一些呢？我想调整一下课程的推广方向。

8. 阿姨，您对这条街很熟悉，您觉得哪个时候段的生意最好哇？有什么特别的原因呢？

体贴关怀，让“大客户”的司机记住你

<话术公式：暖心关怀＋留下好印象>

⊗ 销售菜鸟

师傅，您给李总开车多久了？

✓ 金牌销冠

1. 师傅，您等这么久，辛苦啦！这儿有瓶矿泉水，您喝一口解解渴。

2. 师傅，这儿有几本刚出的汽车杂志，您可以翻一翻，了解一下新款汽车的资讯。

3. 师傅，夜里风大，要是您觉得冷，可以去前台那里拿毛毯披上。

4. 师傅，抽烟太多对身体可不太好，等会儿您可以含颗润喉糖，清清嗓子。

5. 师傅，这栋楼的电梯在那边哈，您要是赶时间的话，就不用绕远路啦。

6. 师傅，前面排队的人有点儿多，您先找个地方坐会儿，我帮您留意着，等快到了我就叫您。

7. 师傅，您是不是饿啦？旁边有个快餐厅，味道还挺不错的，我去给您买一份午饭，您垫垫肚子。

8. 师傅，您要是觉得车里憋闷，旁边有个安静的休息区，您可以去那儿歇一歇。

当客户有饮食禁忌时，如何应对

<话术公式：体贴入微 + 投其所好>

⊗ 销售菜鸟

那您说说，我提醒一下厨师！

✓ 金牌销冠

1. 那您可以尝尝我们的台式三杯鸡，鸡肉鲜嫩无比，每一口都入味十足，而且选用的全是新鲜食材，味道超棒的。

2. 没问题！我们可以把部分辣菜换成清淡些的，比如白灼时蔬、清蒸鱼，绝对能让各种口味的宾客都满意。

3. 您可以试试我们的美式咖啡，它不仅没有乳糖，还能让您尝到醇厚的风味。

4. 我们的草莓慕斯蛋糕没有坚果，香甜可口，让您吃一口就停不下来。

5. 我们的菌汤锅底正好适合您！它味道鲜且不油腻。您可以先喝汤暖暖胃。

6. 像豆腐、豆皮这类豆制品您都不能吃，您可以多尝尝烤肉，还有清蒸的海鲜，这些食物里都不含豆制品。

7. 没问题的！我们的鲜榨果汁就相当不错，橙汁、西瓜汁都是现榨的，喝起来清爽又健康。

8. 我们的清炒时蔬在制作的时候绝对不会放葱姜蒜，能让您尝到原汁原味的口感。另外还能给您做个番茄牛腩，同样也不会放这些调料。

KTV成交法：在歌声中拿下关键承诺

<话术公式：借题发挥＋说到“心坎”>

⊗ 销售菜鸟

李总，今天您就尽管放声高歌，怎么高兴怎么来！

✓ 金牌销冠

1. 王总，您选的这首歌特别契合创业者的心境。听说您当年白手起家时，也是靠着这股拼搏劲儿开拓出市场的，对吗？

2. 张总，要是我们合作能像这首歌的和声一样相辅相成，那肯定能在市场上脱颖而出。

3. 李总，我们来个三局两胜定优惠！您要是赢了，方案报价直接降低5%；我要是赢了，您给个推进的时间表，我这就去申请特殊优惠价格！

4. 赵总，我们连喝茶都喜欢越陈越香的普洱，正像您所看重的长期合作价值。针对您担心的售后问题，我们可以签订补充协议。

5. 陈总，这首歌是我们团队专门为一家世界500强企业量身定制的庆功曲。您瞧瞧这里面的舞美设计，是不是跟您新项目的格调十分契合呀？

6. 我们玩个“传麦接龙”的游戏！每位都用一句话总结一下此次合作的优势，最后发言的朋友来决定签约的时间！

7. 刘总，今天是您的生日，我们特意为您准备了蛋糕。这份合作协议就当作我们送您的礼物，恭喜您！双喜临门哪！

儿童区销售话术：如何俘获大人孩子的心

<话术公式：“狂吹”价值 + 扫清疑虑>

⊗ 销售菜鸟

您好，这款文具相当实用，能大大提高孩子的学习效率呢！

✓ 金牌销冠

1. 这款毛绒玩具采用环保材料填充，孩子抱着玩耍超安心。它还能锻炼孩子的抓握能力，超级划算呢！

2. 您放心，这件衣服是纯棉材质的，不仅柔软舒适，透气性还特别好，孩子穿上既舒服又好看。

3. 这款糖果用木糖醇作为甜味剂，不仅不伤害孩子的牙齿，还能让孩子过足嘴瘾。孩子吃得健康，您也安心。

4. 这本漫画书可不简单，它能够提升孩子的想象力，激发孩子的阅读兴趣。孩子能在充满趣味的阅读过程中学习到丰富的知识，非常有意义。

5. 我们每天都会对设备进行严格细致的检查，而且还有专业的工作人员全程看护，安全是绝对有保障的。

6. 您可以先买个小包装回去给宝宝试试看。这款奶粉的味道特别接近母乳，好多宝宝喝了都适应得挺好的。

7. 这款套餐包含了多种不同风格的拍摄方式，而且还会赠送精修照片和精美的相册呢。现在正好在活动期间，有折扣优惠，真的特别划算。

破译方言密码：当客户说家乡话时的应对指南

<话术公式：拉近距离+“草根式”广告>

⊗ 销售菜鸟

哥（姐），真是不好意思哈，我马上给您加点儿辣椒，让这锅底辣得过瘾！

✓ 金牌销冠

1. 老乡，您就把心放宽咯！这瓷砖表面有一层特制的釉面，防滑还耐磨，等擦干净了，那亮堂得哟，质量杠杠的！

2. 妹子（姐）呀，我们这护理用的可全是好东西，后续再按照我讲的方法好好保养，效果肯定能维持老长时间！

3. 放心嘛，老乡！边边角角我肯定都打扫得一尘不染，半点儿灰都不留！

4. 大妹子（姐），您就一万个放心！我剪的这个发型可时髦了，保证让您剪完之后年轻十岁，好看得没法儿说！

5. 老乡，这冰箱可太节能咯，一天下来用不了多少电，时间长了能省下不少钱呢！

6. 老乡，实在是对不住！要是您觉得这房间小了，还有更大的房型，价格是一样的，我给您换一间，咋样？

7. 姐（妹），真对不住哇！我这就把力度放轻点儿，您觉得力度合适了就跟我讲，保证让您舒舒服服的！

当客户在饭局上表示“我不喝酒”时，如何接话

＜话术公式：理解拒绝＋关联业务亮点＞

⊗ 销售菜鸟

不喝哪行啊，这样，我先干为敬，您随意呀！

✓ 金牌销冠

1. 喝酒这事随意就好！这鲜榨果汁味道更棒，我给您倒一杯。真心希望我们这次的广告合作能如同这果汁一般，又甜又顺。

2. 那我们不喝酒，好好探讨一下项目的前景。这个项目回报率高，而且风险很低，我相信它一定会让您十分满意。

3. 不喝酒没关系！我们的产品市场需求特别大，利润空间也很充足，肯定能让您赚大钱，这比喝酒还要让人高兴呢。

4. 没关系！我们团队的技术实力过硬，开发经验十分丰富，一定能为您打造出最优质的软件，助力您抢占市场的先机。

5. 即使不碰杯，我们也会为您周到服务！我们在物流配送方面高效又迅速，和我们合作，您放心。

6. 喝酒这事决不勉强您！我们培训出来的学员成绩提升相当明显，我们公司在市场上口碑极佳。和我们合作，必定能帮您开拓广阔的教育市场。

7. 没问题！我们的电商平台流量庞大，用户活跃度超高。一旦您入驻进来，产品的曝光量和销量都会实现大幅增长。

8. 我们为您带来的便利比喝酒实在多啦！现在与我们合作，还有额外的优惠活动，肯定能满足您的需求。

9. 不喝酒咱就聊干货！咱这房源位置好、配套全，保准让您省心又满意。

10. 不喝没事！现在短视频营销可火了，我们能让您的品牌像火箭似的“嗖”一下出圈，流量拿到手软！

11. 喝酒不强求！咱新研发的智能设备超厉害，一上市保准成爆款，赚钱赚到手抽筋，比喝酒还爽！

12. 没问题！我们法律团队超牛，能轻松搞定各种商业纠纷，给您企业“穿”上铠甲，比喝酒踏实！

13. 不喝酒也能畅聊！我们组织的商务活动能让您结识各路大佬，人脉就是钱脉，比喝酒值！

14. 那就聊聊别的！我们设计团队能给您品牌来个“大变身”，个性十足，在市场上一眼就被看见！

15. 喝酒随意！我们售后服务超贴心，24 小时待命，有问题马上解决，让您安心当“甩手掌柜”！

16. 没关系！跨境电商的潜力大得很，我们带您冲出国门赚老外的钱，这可比喝酒赚得多！

17. 不喝就不喝！我们大数据分析超厉害，能摸清市场“脾气”，让您的决策像开了导航一样准！

当客户醉酒时，如何应对

< 话术公式：关怀照顾 + 灵活处理工作事宜 >

⊗ 销售菜鸟

王总，您喝得不少了，咱们就先到这里吧！

✓ 金牌销冠

1. 李总，您先消消气，您提出的问题我们都一一记着呢。我们先缓一缓，等您感觉好些，再仔细商量解决的办法。

2. 张总，您唱得太有激情啦！我也来凑个热闹，陪您唱上几首，我们边唱边放松心情。

3. 赵总，您是不是有些累了？我扶您到沙发那儿躺一会儿，等您休息好了我们再接着聊。

4. 于总，您可千万小心哪，我扶着您。会议室离这里有点儿远呢，我们先在这儿坐一会儿，休息一下。

5. 王总，您可能有些喝多了。您提的这条件我们都明白，等您清醒些了，我们再好好商量。

6. 吴总，我正认真听着呢。您要是有烦心事，就跟我倾诉一下，说出来没准能让您心里好受点儿。

7. 刘总，酒后驾车可使不得，我这就帮您叫个代驾，您放心，合作的事以后咱随时聊。

8. 陈总，您的酒量够牛啦！我给您点些小吃垫垫肚子，一会儿还能接着“战斗”，您想吃啥尽管说！

9. 杨总，先别着急说话，您缓一缓。我给您讲个超逗的行业笑话，您乐一乐，放松放松！

10. 郭总，您都出汗啦，我去拿热毛巾给您擦擦脸，降降温，您就安心坐着等我！

11. 郑总，别操心工作啦！附近有个茶室超安静，等您醒了咱去喝茶，聊聊趣事！

12. 周总，您声音都哑啦，我去倒杯温水润润喉，有啥想法咱一会儿好好唠唠！

当客户身体不适时，如何贴心应对

＜话术公式：及时援助＋温暖守护＞

销售菜鸟

您好，您没事吧？要不要去医院哪？

金牌销冠

1. 您好，我给您倒杯热水。前台备有常用药，要是有需要，我就帮您拿。

2. 先生（女士），您先别着急，来这边坐下歇一歇。您可能是低血糖了，吃点儿糖应该会好一些，我这就去给您拿。

3. 您先别继续运动啦，赶紧在这儿坐下休息一会儿。我去给您拿点儿葡萄糖水，补充一下能量。

4. 实在不好意思，这边先给您把项目停一下。您好好休息休息，我这就给您倒点儿温水。

5. 我先给您按摩太阳穴，舒缓一下，要是严重的话，我们就去医院瞧瞧。

6. 您别着急，我已经让同事打急救电话了，您先坐下来歇一歇，我这就帮您联系家人。

7. 我给您拿个冰袋敷一敷。要是症状没改善，我们送您去附近的医院。

8. 您快坐下，我帮您按摩按摩小腿，应该很快就能缓解了，您别紧张。

金牌销冠敬酒的话术配方

<话术公式：花式“夸赞”+说“吉祥话”>

⊗ 销售菜鸟

来，敬您一杯，希望您以后多多关照我，我先干为敬！

✓ 金牌销冠

1. 张总，您这项目拿得跟开了挂似的，带领团队一路过关斩将，太牛了！这杯酒必须敬您，愿接下来项目像您的微信消息一样，响个不停！

2. 李总，您在行业里振臂一呼，跟风的企业能排到长安街！这影响力简直是行走的行业领袖！我敬您一杯，愿您继续引领潮流，让我们跟着您的节奏，永远站在风口上！

3. 王总，您家新品一上市，竞争对手怕是要连夜开会写检讨了！这市场反响堪比明星出道即顶流！我敬您这杯，愿销量像您的酒量一样，深不可测，一路长虹！

4. 赵总，您拓展海外市场就像开了“全球定位”，总能精准落地！这业务版图都快赶上“世界地图”了！我敬您一杯，愿海外客户像您的朋友圈点赞一样，源源不断！

5. 孙总，您在论坛上的发言，我听完当场记了 3 页笔记，比上学时还认真！这干货密度简直是行业知识“充电宝”！敬您一杯，盼下次见面时，您多给我们“充充电”！

6. 刘总，您的团队简直是“神仙团队”，干啥成啥，连加班都像在搞团建！

这凝聚力，我实名羡慕！我敬您一杯，愿您的手下永远“战斗力满格”，业绩一路躺赢！

7. 陈总，您搞技术创新就像拆盲盒，每次都能开出隐藏款！这活力比年轻人还旺盛！我敬您一杯，愿新技术像您的好点子一样源源不断，炸翻行业！

8. 杨总，您做公益比做企业还上心，简直是行业的正能量担当！我敬您一杯，愿您的企业像您的善心一样，蒸蒸日上！

9. 吴总，您这战略升级玩得太溜了，感觉您在下一盘大棋，对手连棋子都没看懂！我敬您一杯，愿新战略像您的酒量，一出手就镇住全场！

10. 周总，您培养人才就像“种树”，棵棵都能长成 “参天大树”，您太会育才了！我敬您一杯，愿您的团队永远人才济济，业绩像您的笑容一样，灿烂耀眼！

11. 郑总，您优化供应链就像整理衣柜，全给整得明明白白！这效率绝了！我敬您一杯，愿成本像您的应酬时间一样，一减再减，利润噌噌涨！

12. 郭总，您搞企业文化就像 “组局”，团队上下跟一家人似的，太有凝聚力了！我敬您一杯，愿公司发展像您的酒局一样，热热闹闹，红红火火！

13. 马总，您这合作谈得太漂亮了，简直是“商业联姻”的教科书！我敬您一杯，愿两家企业像您和这杯酒一样，“水乳交融”，合作长长久久！

14. 林总，您看市场就像看剧本，啥趋势都提前预判，简直是行业预言家！我敬您一杯，愿您继续“指点江山”，带我们在商海乘风破浪！

15. 何总，您搞数字化转型就像玩游戏开挂，效率直接拉满！这速度，看得人热血沸腾！敬您一杯，愿业绩像您的升级进度条一样，一路狂飙！

16. 高总，您做品牌就像追星，把公司打造成行业顶流，太会运营了！我敬您一杯，愿知名度像您的粉丝量一样，噌噌上涨，家喻户晓！

17. 罗总，您家客户就像磁铁一样，全被您吸过来了，这口碑绝了！我敬您一杯，愿客源像您的好运一样，源源不断，挡都挡不住！

18. 梁总，您搞研发就像拆炸弹，每次都能精准突破，太厉害了！敬您一杯，愿创新成果像您的头发一样，（此处可眨眼笑）越来越多，闪耀行业！

19. 谢总，您管企业就像弹钢琴，每个部门都配合得行云流水，太有章法了！我敬您一杯，愿发展节奏像您的酒量一样，稳稳当当，越品越香！

20. 宋总，您办活动就像“拍电影”，场场都是“爆款大片”！我敬您一杯，愿未来活动像您的创意一样，精彩不断！

21. 唐总，您跨领域合作就像“打通关”，太有魄力了！我敬您一杯，愿业务版图像您的朋友圈一样，越来越大，啥都能装！

22. 许总，您对员工就像“老母亲”，福利贴心到让人想“躺平”都不好意思！我敬您一杯，愿团队像您的家庭一样，和和美美，业绩长虹！